펫 PET 인테리어

개 키우는 사람은 집 구조부터 다르다

반려견주택연구소장 **박준영** 지음

펫인테리어

초판 1쇄 인쇄 | 2020년 12월 7일
초판 1쇄 발행 | 2020년 12월 11일

저자 박준영 | **발행인** 장진혁 | **발행처** (주)형설이엠제이
주소 서울시 마포구 월드컵북로 402 KGIT 상암센터 1212호 | **전화** (070) 4896-6052~3
등록 제2014-000262호 | **홈페이지** www.emj.co.kr | **e-mail** emj@emj.co.kr
공급 형설출판사

정가 15,000원

ⓒ 2020 박준영 All Rights Reserved.

ISBN 979-11-86320-82-2 13490

※ 본서는 저자와의 협의에 따라 인지는 붙이지 않습니다.
※ 이 책은 저작권법에 의해 보호를 받는 저작물이므로 동영상 제작 및 무단전재와 복제를 금합니다.

이 도서의 국립중앙도서관 출판시도서목록(CIP)은 서지정보유통지원시스템 홈페이지(http://seoji.nl.go.kr)와 국가자료공동목록시스템(http://www.nl.go.kr/kolisnet)에서 이용하실 수 있습니다.(CIP제어번호: CIP2020049202)

펫 PET 인테리어

개 키우는 사람은 집 구조부터 다르다

반려견주택연구소장
박준영 지음

■ 머리말

가족이라고 하면 누가 떠오르는가?
엄마, 아빠, 동생, 누나, 형, 할아버지, 할머니 등등 모두가 대체할 수 없는 소중한 존재다. 낳은 정, 기른 정이 어우러져 가족이라는 이름의 소중한 존재가 된 사람들이다. 그런데 인간이 아님에도 불구하고 사람들 스스로 엄마, 아빠, 형, 누나를 자처하면서 아낌없는 사랑을 베푸는 존재가 있으니 우리는 이들을 '반려동물'이라 부른다.
필자도 오래전에 집 안에서 개를 키우며 개에게 아낌없는 사랑을 주던 시절이 있었다. 그 당시에는 집 안에서 개를 키우는 일이 남들에게 눈총을 받거나 심지어 욕까지 얻어먹기도 했지만, 봇물처럼 터진 사랑을 주체할 수는 없었다. 개 한 마리가 온 집 안을 '공기 반 털 반'으로 만들었지만, 개의할 일이 아니었다. 우리 가족에게는 그러한 불편쯤은 넉넉히 감수하고도 남을 넘치는 사랑이 있었다.

■ 머리말

  하지만 지금 와서 돌이켜 보면 아쉬운 점이 많다. 그 당시에 참으로 무식하게 사랑했다는 것이다. 그저 단순히 사랑하기만 했지, 실내에서 생활하는 개의 입장을 조금도 생각지 못했던 '무식한 가족'이었다. 인간이 살기 위해 만들어진 주택이 반려동물에게는 너무나도 위험할 수 있다는 것을 전혀 생각하지 못했다. 그래서 지금은 같은 실수를 반복하지 않기 위해 노력하고 있다.

  그런데 보호자들 중에 의외로 그런 사람이 많다. 예전의 나처럼 '무식한 가족'으로 남아 있지 말고, 거의 하루종일 실내에서만 생활하는 반려동물을 위해 '무식한 가족'에서 탈출하기를 권한다. 실내 주거환경은 사람에게도 중요하지만, 반려동물에게 더욱 중요하게 작용한다. 모르는 게 약이 아니고 아는 게 힘이다. 실내 주거환경의 개선을 통해 반려동물의 스트레스를 줄이고, 건강을 지키며, 사는 동안 안전하고 쾌적한 환경에서 생활할 수 있도록 만들어 보자.

  해외에서는 '펫인테리어(펫+인테리어)'를 통해 반려견의 평균수명이 20% 가까이 늘어난 사례도 보고되고 있다. 펫인테리어를 통해 평균수명의 증가뿐 아니라 '건강수명'도 늘어날 수 있기를 기대해 본다. 몰라서 못하는 보호자나, 필요성은 느끼는데 어떻게 할지 모르는 보호자, 또는 막연히 힘들 거라 생각하는 보호자는 이 책의 내용을 차분히 잘 읽어 보고 당장 적용할 수 있는 부분부터 차근차근 바꾸어 보기를 바란다. 생각보다 그리 어렵지 않으니까. 그리고 여러분의 반려동물이 여러분을 응원할 테니까. 파이팅!

그리고 마지막으로 조그만 바람이 있다면, 펫인테리어를 통해 여러분의 '가족'이 좀 더 건강하게 살기를 바란다. 또한 이 책이 반려동물을 위한 인테리어 실용서가 아니라, 가족의 건강을 증진시키는 건강백서가 되기를 바란다. 이를 통해 여러분과 반려동물 모두 '건강하고 행복한 가족'이 되길 바란다.

반려견주택연구소 소장 **박 준 영**

■ 추천사

　반려견이 행복하기 위한 조건에서 세 번째는 불쾌한 환경으로부터의 자유입니다. 우리는 가장 처음으로 개라는 동물을, 덥고 추운 야외에서 집으로 들였습니다. 하지만 지금 우리가 사는 집은 정말 반려견에게 좋은 환경일까요? 청소를 편하게 하기 위함이지만 개에게는 스케이트장과 같은 미끄러운 바닥, 인간의 눈과는 다른 개에게는 부담이 되는 조명, 개에게는 마치 적의 출현을 알리는 듯한 초인종 소리, 지금의 주거공간은 모두 사람에게 맞춰져 있습니다. 그래서 이 책은 반려견을 정말 가족으로 생각하면서, 불쾌한 환경으로부터의 자유를 넘어서 쾌적한 환경에서 반려견과 행복하게 살기 위한 방법을 제시합니다.

_그녀의 동물병원 원장 수의사 설채현

　행복한 삶, 이제는 반려동물과 떼어 놓고 말하기 어려운 시대가 되었습니다. 벌써 반려동물과 같이 사는 가구 수의 비중이 대한민국 전체 가구 수의 20%가 넘는 현실은 반려동물과 행복하게 살아가는 공간에 대한 고민을 더욱 필요로 하고 있기 때문입니다.

반려견주택연구소 박준영 소장은, 불모지인 우리나라 펫인테리어 시장을 개척하고 그 현장에서 얻은 경험과 지식이 풍부한 사람입니다. 그 풍부한 경험과 지식을 바탕으로 이렇게 책을 내게 되어 무척이나 기쁜 마음입니다. 반려동물과 함께하시는 많은 분에게 큰 도움이 되길 바랍니다.

_라이프앤도그 대표 강병수

앞으로 늘어뜨린 짧은 두 다리, 편안히 놓인 머리 양옆으로 약간 솟은 두 귀가 앞뒤로 펄렁이듯 잠시 움찔하더니 굳게 닫혀 있던 눈꺼풀이 살랑이는 꼬리 속도에 맞춰 점점 벌어지더니 인간에 대한 신뢰가 뚝뚝 떨어지는 눈이 열렸습니다.

이들의 눈 속엔 과거에 우리와 그토록 친숙했지만, 이제는 완전히 낯설게 되어 버린 야생 세계의 정신과 감정을 이어 주는 창문이 있습니다. 이들은 무시무시했던 턱과 훌륭한 사냥 실력을 포기하고 종족을 뛰어넘어 다른 종의 생명체와 동맹을 맺기 위해 선조들의 가족생활 방식까지 포기한 종입니다. 이들은 자신의 종족보다도 인간을 더 사랑하는 종으로서

■ 추천사

길게는 약 3만 2천 년, 짧게는 1만 4천 년 전부터 크게 소리 내 언약하지 않았지만, 진실하고 구속력 있게 우리 인간과 강력한 동맹관계를 맺어 왔습니다. 이들은 깊고 지속적인 애정을 주면 그 대가로 인간이 그들을 잘 돌볼 것이라고 철석같이 믿습니다.

이들은 누구일까요?

어리석은 질문에 개라고 답하셨다면 현명한 대답이십니다. 빙고!

엄청난 베스트셀러지만 통독하기엔 녹록지 않은 책!『총 균 쇠』엔 2가지 핵심 개념이 있습니다. 오늘날 인류가 생존을 뛰어넘어 지구상 최강자의 반열에 오를 수 있게 된 근원에는 식물의 길들임(농업혁명)과 동물의 길들임이 있었기 때문이라는 것이지요.

동물을 길들이는 것이 비용보다 보상이 훨씬 크다는 것을 알게 된 인류는 공생하고 있는 4천 종의 포유류와 1만여 종 새의 가축화에 큰 노력을 기울였지만 20세기에 이르도록 길들이기에 성공한 동물은 14종에 불과합니다.

동물을 길들이고자 하는 인류 본능(?)의 실패담을 예를 들어 보자면 차고도 넘칩니다. 고대 이집트인들은 영양, 아이벡스 염소, 가젤, 하이에

나를 길들여 보려고 헛된 노력을 거듭하였으며, 이외에도 인류는 코요테, 뇌조, 다람쥐, 얼룩말도 길들이려다 실패했지만, 오늘날까지도 인류의 동물 길들이기 도전은 현재진행형으로 보입니다.

현재까지 나온 결론은 길들임은 일방적인 짝사랑으로는 불가능하며 그들이 인류를 받아들여야만 비로소 길들임! 즉 가축화가 이루어질 수 있다는 것입니다.

인류는 개와 더불어 사냥함으로써 개가 없이 사냥할 때보다 56%의 고기를 더 얻고, 먹이동물을 찾을 확률이 9배 더 증가하였으며, 사냥 시간을 57% 더 줄일 수 있었을 뿐만 아니라 사냥을 위해 어른들이 떠나고 마을에 남아 있는 어린아이들을 약탈자와 다른 동물로부터 보호해 주어 인류의 종족 보존과 인구의 증가를 가져올 수 있게 만들어 주었습니다.

하지만 이렇게 굳건해 보이는 동맹을 가만히 잘 살펴보면 우리 인류가 특별해서 동맹이 유지된다기보다는 우리를 선택한 그들이 우리에게 잘하기 때문은 아닐까요?

예를 들어 개들은 우리를 신뢰하지만, 우리 인간은 늘 끊임없이 개들을 실망하게 합니다. 수만 년 전의 언약을 마치 중세 템플기사단처럼 지

■ 추천사

속해서 지키고 있는 쪽은 우리 인간이 아닌 그들로 보입니다. 이들과 함께 지낸 그 수많은 세월 속의 역사는 개가 지금보다 더 나은 대접을 받을 충분한 자격이 있다고 말하고 있습니다.

우주가 어떻게 돌아가는지를 유쾌하게 설명하는 『은하수를 여행하는 히치하이커를 위한 안내서』처럼 저는 이 책이 바로 개나 고양이한테 더욱 더 나은 대접을 해 주는 방법에 대한 안내서라는 생각이 듭니다.

현재 전 세계 개의 숫자는 약 10억 마리에 약간 못 미치고, 그중 약 3억 마리 정도의 개가 인간의 가정에서 반려동물로 살고 있습니다.

이들은 이렇게 우리 인간과 같은 공간에서 같이 지내다 보니 작년(2019년 11월)부터 약 8만 마리의 개를 대상으로 "개 노화 프로젝트(Dog Aging Project)"가 시작이 되었습니다. 이는 개의 노화과정을 연구하여 우리 인간의 노화과정을 이해하려는 실험인데 설명을 드리자면 개들은 우리 인간과 같이 집이라는 공간을 공유하며 살고 있다 보니 집 안에서의 인간의 노화과정에 영향을 미치는 외적인 요인이 인간과 거의 비슷하다고 합니다. 더욱이 개들은 우리보다 훨씬 더 빨리 늙다 보니 인간의 노화과정을 관찰하는 데 필요한 시간보다 훨씬 더 짧은 기간 동안에 노화과정을 이해할 수 있습니다.

이 프로젝트는 우리에게 노출되는 오염물질과 같은 주변환경이 우리가 얼마나 오래 사는지, 어떻게 영향을 미치는지를 이해하는 것이라고 합니다. 이런 실험을 할 정도로 우리는 개와 같은 공간을 같이 사용하고 있습니다.

저는 책을 읽다가 주거환경이 잘 갖추어진 주택에서 거주하는 개는 평균수명이 약 20%나 길어진다는 통계를 보고 놀랐습니다. 저는 이번 프로젝트가 우리 인간의 수명만을 연장하는 방법을 이해하고 알아내는 게 아니라 개들의 수명 연장도 이룰 수 있지 않을까 생각합니다.

이 책에는 바로 이렇게 우리와 함께 지내는 반려동물이 집 안에서 잘 지내는 방법을 아주 실용적으로 가르쳐 주고 있습니다.

예를 들어 '실내 공기는 어떻게 해야 할까?'에 대한 해답을 들어 보자면, 사람이 일생 동안 섭취하는 물질을 중량비로 표시하면 공기가 83%를 차지하고 있습니다.

그런데 문제는 개와 고양이는 단위 체중당 호흡량이 인간보다 15~20% 더 많다는 것입니다! 자! 그럼 이들에게 공기의 질은 얼마나 중요할까요?

■ 추천사

새삼 말할 필요가 없을 것입니다.

그럼 거의 하루종일 실내에 있는 반려동물을 위한 가장 좋은 방법은?

환기 후 공기청정기를 돌리자!

두 번째로 아파트 소음 문제에 대한 것입니다.

다니다 보면 아파트 집 안에서 개 짖는 소리가 들리는 경우가 꽤 많이 있습니다. 사실 이런 경우 공동생활을 하는 데 있어서 큰 민폐가 아닐 수 없는데 이런 소음 피해를 줄이는 실제적인 노하우가 있으니 바로 중문을 만드는 것입니다.

이 책에서는 구체적으로 중문 중에서도 밀폐형 여닫이문이나 3연동 슬라이딩 문을 사용하는 것이 좋다는 적합한 조언을 하고 있습니다.

이외에도 미끄럼 방지를 위해 매트를 깐다면 전체적으로 깔아 주어야 한다, 다리가 짧은 품종들은 매트 높이 차가 비록 10mm라도 좋지 않다, 여러 종류의 매트를 깔아 준다면 반드시 표면의 거친 정도나 미끄러운 정도의 차이가 비슷한 것만 골라서 깔아 주어야 한다는 등의 세부적인 실천 방안을 한 뼘 더 깊은 지식까지 아낌없이 제공하고 있어 읽으면서 절로 고개가 끄덕여집니다.

여러분은 이 책의 페이지를 넘기실 때마다 반려동물에 대한 깊은 이해와 지식이 풍기는 종합정보의 향수에 취하실 것입니다. 휘발성 높은 첫 향인 Top Note처럼 예리한 실생활적 주제 선택에 이어 중심이 되는 Middle Note처럼 보석 같은 지식이 책의 향기를 더하고, 마지막으로 반려동물에 대한 사랑이 Base Note가 되어 이 책을 향이 좋고 오래가는 명저를 만들고 있는 것 같습니다.

저는 이 책을 읽으면서 '저자분이 이렇게까지 지식 보따리를 다 풀어놓으면 앞으로 도대체 뭘 먹고 살려고 이런 것까지!' 하는 조마조마한 마음으로 읽었습니다. 독자분들에겐 정말 감사하고도 감사한 책이 아닐 수 없습니다.

_서울시 수의사회 회장 수의사 최영민(최영민 동물의료센터 대표원장)

차 례

1장
반려동물은 관심이 필요한 우리 '가족'

1. 우리가 살고 있는 주택이 반려동물에게는 안전한가?   21

꼭 알아 두기 1   가족관계에 미치는 반려동물의 영향   26

2. 적을 알고 나를 알면 백전백승?   28

꼭 알아 두기 2   반려동물 공생주택의 반려동물은 장수한다구?   30

3. 영역 본능에 대해 제대로 이해하자 – 마킹(Marking)   32

꼭 알아 두기 3   반려견의 마킹을 유도하는 마킹폴(Marking Pole)   36

4. 사람은 눈, 개는 코, 고양이는 귀 – 최우선 작동 감각기관   38

5. 너와 나는 가는 길이 달라 – 개와 고양이의 동선(動線)   41

6. 아군과 적군 – 초인종을 울리는 자   44

2장
개와 고양이를 위한 펫인테리어

1. 조명이 반려동물 눈 건강을 지켜 준다구?   49

2. 호흡기 질환을 줄여 주는 환기   53

꼭 알아 두기 4   개나 고양이에게 실내 공기질이 사람보다 더 중요한 이유   57

3. 보호자 스트레스를 줄여 주는 벽체 마감   58

4. 층견소음 민원은 어떻게 줄이지?   61

꼭 알아 두기 5   개의 짖음 데시벨(dB)   70

5. 세상은 넓고 펫도어(Pet Door)는 많다   72

꼭 알아 두기 6   개와 고양이를 함께 기르는 비법   78

3장
개를 위한 펫인테리어

1. 반려견의 입장에서 실내 바라보기   81

꼭 알아 두기 7   개를 위한 최소 필요 면적   84

2. 관절 건강을 지켜 주는 마감   86

3. 강아지 매트를 깔아도 기본은 알고 깔자   89

4. 미끄럼 방지 코팅도 반려견 전용이 있다구?   95

꼭 알아 두기 8   반려동물 실내 냄새 발생 원인   102

5. 신축? 리모델링? 그럼 이 제품을 사용해 보자   104

6. 강화마루, 쿠션 장판, LVT는 어때요?   108

7. 바닥재가 타일이나 대리석인 경우   111

꼭 알아 두기 9   실외에서 반려견을 키우는 경우 유의사항   116

8. 가구도 반려견 친화적인 가구를 사용하자   119

꼭 알아 두기 10   반려견과 함께 잠을 잘 때 수면의 질   122

9. 너와 내가 모두 편한 아이템 - 리드후크(Lead Hook)   124

10. 초인등으로 반려견의 스트레스 확! 낮춰 보자   129

꼭 알아 두기 11   소리가 개에게 미치는 영향   132

11. 반려견의 안전은 내가 지킨다   134

꼭 알아 두기 12   원룸에서 개 키우면 학대?   140

4장
고양이를 위한 펫인테리어

1. 고양이를 위한 인테리어는 별거 없다구?	143
2. 고양이의 입장이 되어 생각해 보자	145
3. 고양이가 지닌 뛰어난 능력	147
4. 실내묘의 스트레스	150
5. 방묘문, 묘안이 없을까?	154
6. 고양이가 범인이라구?	156
꼭 알아 두기 13 화재로 인한 재난 대응	158
7. 고양이에게 실내 운동을 잘 시키는 방법	160
8. 고양이 스트레스를 풀어 주는 방법	170
꼭 알아 두기 14 고양이의 포즈로 알아보는 실내 온도	172
9. 고양이에게 이상적인 화장실	174
꼭 알아 두기 15 고양이의 화장실 루틴	176

1장

반려동물은 관심이 필요한 우리 '가족'

1. 우리가 살고 있는 주택이 반려동물에게는 안전한가?

얼마 전 유튜브 채널에서 자신의 반려견이 점프를 하다가 다쳤다는 유튜버의 이야기를 듣게 되었다. 미끄러운 바닥 때문에 점프를 하다 미끄러져 삐끗했는데, 다음 날부터 하반신 마비가 와서 결국 600만 원이라는 비용을 들여 수술을 할 수밖에 없었다는 이야기였다. 이로 인한 영향은 상당히 커서 (단지, 자신의 반려견만을 위한 이사는 아니었지만) 자신의 반려견에게 좀 더 나은 환경을 제공하기 위해 타운하우스로 이사를 했다고 한다.

반려동물과 함께 생활하다 보면 생각지 못한 사건, 사고를 마주하는 경우가 많다. 사람에게조차도 부족한 것이 많은 주거환경이기에 반려동물에게 있어서는 더 부족한 것들이 많다. 보호자의 부주의에 의한 사고는 좀 더 신경을 쓰면 되지만, 한 번 만들어진 부족한 주거환경을 되돌리거나 개선하는 데는 시간과 비용이 소요된다. 심지어 시간과 비용을 들여 개선을 해 주고 싶어도 어떻게 해야 할지를 모르는 경우도 많다.

사람이 실내에서 활동하는 시간이 하루 평균 21시간(국립환경과학원, 2010. 1. 22)에 이른다고 하니 주거환경이 인간에게 미치는 영향은 클 수밖에 없다. 실내 온도가 몇 도로 유지되느냐, 조도를 몇 럭스(Lux)로 유지하느냐, 환기는 어느 정도 어떻게 하는 것이 좋으냐 등에 관한 수많은 연구와 결과물을 통해 인간의 주거환경은 개선되어 왔다. '새집 증후군'이라는 단어가 낯설지 않고 지금까지도 관심을 가지고 신경을 쓰고 있는 부분이기는 하지만, 최근의 주거환경은 주거환경이 가지는 네거티브한 관점에서 탈피하여 포지티브한 방향으로 발전해 나가고 있다. 주거환경이 가지는 긍정성의 강화가 이루어지고 있는 것이다.

그림1-1 가족사진
(출처:셔터스톡)

그러나 이것은 어디까지나 인간에 국한된 것이다. 오랜 기간 '인간의, 인간에 의한, 인간을 위해' 발전해 온 주거환경이 인간에게는 최적화된 환경일지 몰라도 '또 하나의 가족'인 반려동물에게는 그렇지 않은 부분이 있을 수밖에 없다. 오랫동안 실외활동을 이어 오던 '동물'이 실내로 거처를 옮기게 되면서, 원래의 환경과는 너무도 다른 환경에서 생활하게 되었다. '가족'이라는 이름으로 불리고는 있지만, '또 하나의 가족'을 위한 주거환경의 변화는 갈 길이 멀다.

몸무게의 70%가 앞다리에 쏠려 있는 사족 보행하는 가족, 거의 24시간 실내에서 생활하는 가족, 수천 년간의 야외생활의 DNA가 몸에 남아 있는 가족이 실내에서 겪어야 하는 어려움은 우리가 생각하는 것보다 훨씬 더 크게 작용한다. 제한된 실내공간이 주는 불편함과 위험성은 평생 동안 가족의 몸 안에 축적되고, 대를 이어 갈수록 더 많은 축적이 이루어진다.

그래서 펫인테리어는 단순히 건축자재, 마감자재 등을 개나 고양이에게 맞춰 시공하는 것만을 의미하지는 않는다. 우리의 가족인 반려동물의 특징을 이해하고 그에 맞는 주거환경을 만들어 주는 데 목적이 있다. 반려동물이 가지는 생물학적 특성, 주거환경 특성 등을 바탕으로 반려동물이 스트레스 없이 쾌적하게 생활할 수 있는 환경을 만들어 주어야 한다. 개와 고양이가 가지는 특징은 같은 것도 있고 다른 것도

그림1-2 펫인테리어는 단순히 '개집'을 만들자는 의미가 아니다

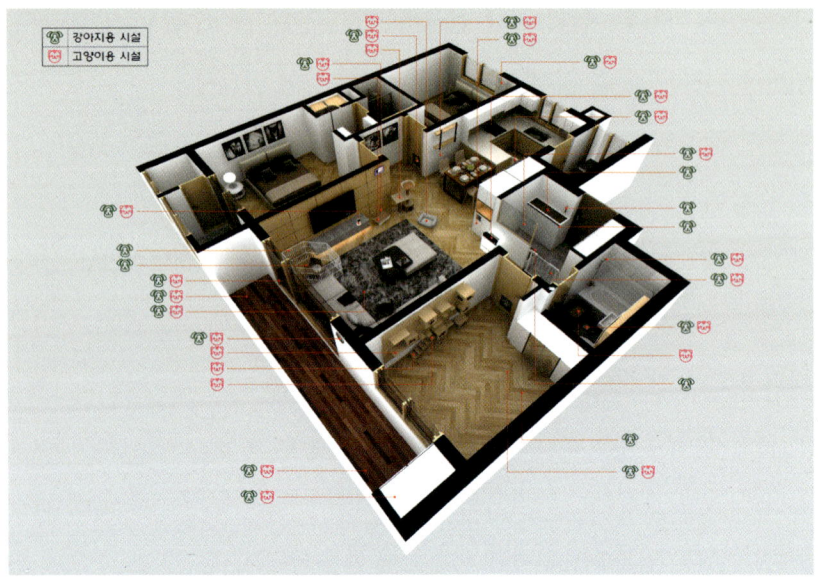

| **그림1-3** 펫인테리어를 적용할 수 있는 범위는 의외로 넓고 많다

있다. 각각의 조건이나 특징이 무엇인지를 기본적으로 이해해야만 그들을 위한 환경을 제대로 만들어 줄 수 있다는 점을 명심하길 바란다.

그렇다고 오해는 하지 말자. 개와 고양이만을 위한 인테리어를 하자는 것이 펫인테리어는 아니니까. 반려동물을 위한 주거환경이 갖추어진 주택은 반려동물뿐만 아니라, 보호자인 인간에게도 그만큼 주거의 안정성, 쾌적성이 커져서 펫공생주택이 된다.

최근 일본의 한 사례에 따르면 펫인테리어가 잘 갖추어진 주택에 거주하는 반려견의 평균수명이 일본 내 반려견 평균수명보다 약 2.9년 더 긴 것으로 나타났다고 한다. 2.9년이라는 기간은 일본 내 반려견의 평균수명이 2015년 당시에 14.9년이었다는 점을 감안한다면 약 20% 정도 수명이 길어졌다는 것을 의미한다. 수명 20% 연장이라는 드라마틱한 결과가 어떻게 만들어진 것일까? 스트레스를 최소화할 수 있는 쾌적한 주거환경이 주는 긍정적인 효과가 엄청난 수명 연장의 비밀이 아닐까?(보다 더 자세한 내용은 p.30 꼭 알아 두기 2 참조)

펫인테리어를 통해 반려동물의 스트레스가 감소된다면, 함께 사는 보호자에게도 또한 긍정적인 효과를 발휘할 것임에는 의심의 여지가 없을 것이다. 펫인테리어는 반려동물과 함께 생활하는 '펫공생' 공간이 가능하도록 도와준다. 반려동물의 스트레스가 줄어들면 보호자의 스트레스도 줄어들고, 보호자의 스트레스가 줄어들면 반려동물의 스트레스도 줄어든다. 반려동물과 보호자는 상호작용을 하며 살아간다. 이 상호작용에 펫인테리어가 긍정적인 영향을 미치게 되는 것이다.

그림1-4 펫인테리어는 반려동물과 보호자의 '공생'을 위한 길을 제시한다

꼭 알아 두기 1

가족관계에 미치는 반려동물의 영향

영국 리버풀 대학 연구팀이 2017년 국제학술 저널에 발표한 연구 결과에 따르면, 반려동물이 어른이나 아이들에게 미치는 긍정적인 효과를 알 수 있다.

1. 자존감 향상, 스트레스 저감

반려동물과의 교감을 통해 아이들은 반려동물과 동반자 관계를 형성하여 자존감이 높아지고 스트레스가 줄어든다.

2. 사회성 향상, 우울증 개선, 자존감 향상

다른 이들과의 공통 대화 주제가 형성되고 의사소통 능력의 향상으로까지 이어진다.

3. 생명권에 대한 인식 향상

반려동물을 통해 생명의 가치를 깨닫고, 생명에 대한 존중을 할 줄 알게 됨으로써 모든 생명의 생명권에 대한 인식이 향상된다.

4. 의료비 절감

 반려동물과 함께 생활함으로써 신체 활동의 증가 및 스트레스의 감소로 인해 관상동맥 질환의 감소로까지 이어짐으로써 병원의 방문 횟수가 줄어들게 된다. 독일과 호주의 반려동물 보호자는 비반려인보다 병원을 방문하는 횟수가 15% 낮다.

5. 생존율 향상

 반려동물은 고혈압 치료를 받는 노인(65~84세)의 심혈관 질환 생존율을 향상시킨다.

 반려동물과의 가족관계는 단순히 '양육'하는 것이 아닌 상호교류를 통한 '공생'의 관계를 통해 만들어진다. 또한 반려동물을 가족이라 '주장'하지 말고, 가족이라 '인정'받을 만한 관계 형성이 필요하다.

 - Companion Animals and Child / Adolescent Development : A Systematic Review of the Evidence.

 - Rebecca Purewal, Robert Christley, Katarzyna Kordas, Carol Joinson, Kerstin Meints, Nancy Gee and Carri Westgarth.

 - International Jouranl of Environmental Research and Public Health 에 발표.

2. 적을 알고 나를 알면 백전백승?

애완동물의 지위에 머물던 시절에는 개, 고양이가 실내외를 오가는 형태의 삶을 살았다. 100여 년간 이어지던 애완동물의 지위를 벗어나 '반려동물'로서의 의미를 찾고 가족으로서의 대우를 받기 시작하면서, 반려동물에 대한 '완전실내양육'이 이루어지기 시작했다. 우리나라에서도 반려견, 반려묘 양육은 90% 이상이 실내에서 이루어지고 있지만, 최근에 많은 변화를 나타내고 있는 실정이다. 또한 우리나라는 80%에 가까운 주택이 아파트 등을 비롯한 공동주택 형태이다 보니 대부분의 반려견, 반려묘는 하루 23시간 이상을 실내에서만 생활하고 있다.

개인주택이나 전원주택처럼 마당이 있는 집이거나 주변 산책이 수월한 조건이 아니라면 아무래도 미국이나 유럽 등의 반려동물 선진국에 비해서는 실내에 반려동물이 머물 가능성이 높을 수밖에 없다. 특히나 거처를 벗어나면 다시 돌아오지 못할 가능성이 높은 고양이는 집 안 경계를 강화해서 절대 벗어날 수 없는 환경을 만들기도 한다.

반려동물이 실외로부터 실내로 들어와서 거의 하루종일 실내에서 살더라도 버릴 수 없는 그들만의 본능과 부딪히는 실내환경은 당연히 존재

그림1-5 반려인에게 주택은 반려동물과의 공동주거공간이다

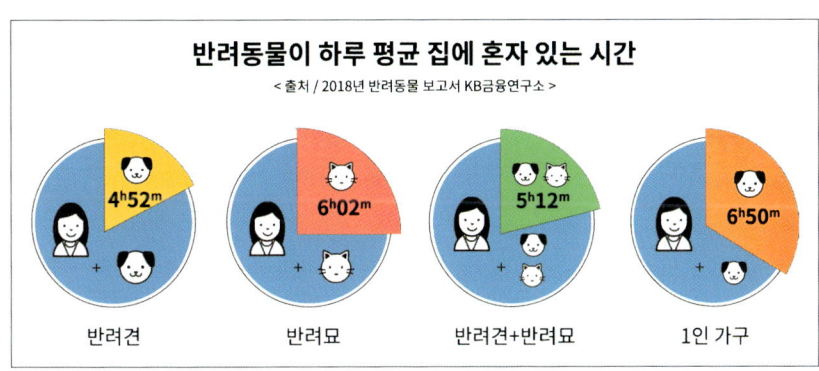

표1-1 반려동물이 하루 평균 집에 혼자 있는 시간

한다. 인간 입장에서 바라보고 인간의 만족을 위해 만들어지는 실내환경이 과연 그들에게 100% 좋은 환경일까? 인간의 노력이 헛되어 오히려 반려동물에게 악한 환경을 만드는 경우도 있고, 그다지 도움이 되지 않는 환경이 만들어지기도 한다. 반려동물의 입장에서 생각해 보자. 그들의 모습, 움직임, 특성, 차이점 등을 알아야 진정 그들에게 적합한 환경을 만들어 줄 수 있다. 펫인테리어는 많은 것을 해 주는 것이 목적이 아니다. 그들에게 필요한 것을 적용하는 것이 목적이다.

그들에게 필요한 것이 무엇인지 알기 위해서는 그들의 특성에 대해 알아야 한다. 동물적 특성뿐만 아니라 실내에서 생활하면서 그들이 느끼는 불편함과 위험, 집에 혼자 있는 동안 벌어질 수 있는 일들에 대해서 인식해야 한다. 인간에게는 아무것도 아닌 것들이 그들에게는 어떻게 작용하고 어떤 영향을 미치는지에 대해 공부해야 한다. 우리의 가족인 개와 고양이를 위험에 빠뜨릴 수 있는 요소(적)를 찾아서 없애거나 최소화해야 한다.

꼭 알아 두기 2

반려동물 공생주택의 반려동물은 장수한다구?

일본의 애니독 맨션 네트워크(Anidoc Mansion Network)의 노나카 히데키(野中 英樹)가 관리하고 있는 반려동물 공생주택에 거주하는 반려동물의 평균수명이 화제가 되고 있다. 2015년 애니독 맨션 네트워크가 발표한 자료에 따르면 2015년 일본 내 반려견의 평균수명이 14.9년인 것에 비해 노나카 대표가 관리하고 있는 공생주택의 반려견의 평균수명은 17.8세로 2.9년을 더 장수하는 것으로 나타났다.

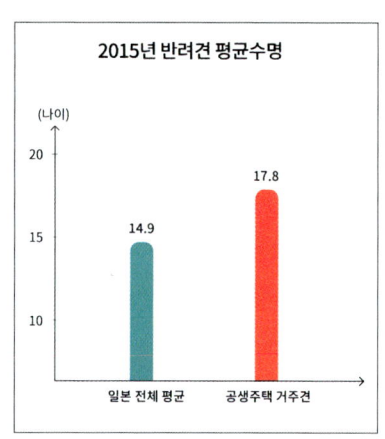

노나카 대표가 관리 중인 공생주택에 거주하고 있는 반려견 중 최근 10년간(2005~2014년)에 사망한 반려견 300여 마리의 평균수명을 조사한 결과라고 밝히고 있다. 노나카 대표는 이번 결과에서 평균수명이 늘어난 것과 건강수명이 늘어난 것에 큰 의미를 두고 있다고 한다.

'생명 연장의 꿈'이 실현된 이유에 대해 노나카 대표는 '스트레스가 최소화된 주거환경'과 '동물병원과 연계된 의료서비스'로 꼽고 있다. 일반적인 주택에 비해 반려동물을 위한 시설과 설비, 인테리어가 갖추어져 있고, 동물병원과의 연계를 통해 평소 정기적인 반려동물 건강검진 서비스를 구축함으로써 병의 발생을 줄이고 유행성 질환의 발생도 미연에 방지하는 효과를 얻었다.

물론, 여기에 일본 특유의 매뉴얼 문화도 함께한 것으로 보인다. 공동주택에 입주한 반려동물과 보호자들이 생활하는 데 트러블을 방지하거나 줄일 수 있는 관리규약(Pet Policy)이 있었다. 일본은 펫공생주택이라 하더라도 반려동물을 키울 수 있는 각종 조건을 기본적으로 제시하고 있다. 제시된 기본조건을 입주자와 입주동물이 잘 지킬 수 있도록 함으로써 입주민 상호 간에 더 쾌적한 주거환경에서 생활할 수 있도록 하고 있다.

　　* **노나카 히데키(野中 英樹)** 애니독 맨션 네트워크사의 대표로 반려동물 공생주택에 대한 컨설팅 업무를 30년 이상 진행해 오고 있는 인물. 반려동물 공생주택에 수백 건의 컨설팅을 진행한 실적을 바탕으로 현재 4,000세대 이상의 반려동물 공생주택(임대주택)의 관리를 하고 있다.

3. 영역 본능에 대해 제대로 이해하자 - 마킹(Marking)

개나 고양이의 마킹은 자신의 영역을 표시하고자 하는 '본능'에서 출발한다. 본능은 의식적 행동이 아니라 자연스러운 행동의 연장선상이다. 개와 고양이가 자신의 영역을 표시하는 방식은 서로 다르지만 모두 자연스러운 행동임에는 틀림없다.

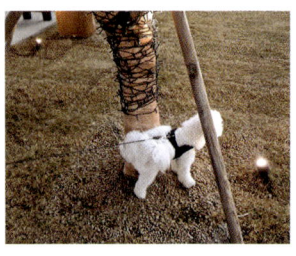
그림1-6 개의 마킹

그림1-7 고양이의 마킹 행위인 스프레이와 스크래칭

개의 마킹의 특징은 2가지로 나누어 볼 수 있다. 첫 번째는 마킹을 할 때 최대한 다리를 들어 더 높은 곳에 자신의 소변이 묻을 수 있도록 한다. 심한 경우에는 몸을 거꾸로 세워서 마킹을 하는 경우까지도 있다. 어떤 이는 소변이 자신의 다리에 묻는 것을 경계하는 자연스러운 행동이라고

그림1-8 영역 의식이 강할수록 마킹 의지도 강하다

그림1-9 지속적인 마킹으로 인해 가로등이 넘어진 사례(출처: 일본 이케다시 홈페이지)

그림1-10 지속적인 마킹으로 벽지가 훼손되어 임시 조치를 취한 모습

말하지만 그렇지 않다. 이는 자신의 덩치를 더 커 보이게 하려고 하는 모든 동물들의 페이크 행동에 해당한다. 두 번째로는 마킹을 할 때 다른 개가 마킹한 곳에 한다는 것이다. 이전에 마킹이 이루어진 곳에 자신의 소변을 봄으로써 자신의 냄새가 덮이도록 한다.

고양이의 마킹은 영역 의식과 교배 상대를 찾기 위한 목적으로 이루어진다. 고양이의 마킹은 대표적으로 스크래치와 스프레이로 나누어 볼 수 있다. 스크래치 행동을 할 때는 최대한 높은 곳에 발톱 자국을 남기려고 한다. 스크래치를 할 때 발바닥을 통해 분비되는 페로몬 향을 벽체에 묻힌다. 벽체를 붙잡고 기지개를 펴듯이 최대한 높게 스크래치를 하는 이유는 자신의 크기를 과장하기 위한 페이크 행동이다. 이처럼 고양이는 영역표시도 하고 이성을 찾는 행위도 함께하게 된다. (스프레이가 소변보는 것과 다른 점은 소변은 앉아서 보지만, 스프레이는 선 상태로 본다는 것이다. 중성화를 통해 대부분은 개선되지만, 일부 고양이는 그래도 스프레이를 하는 경우가 있고 암컷 중에도 일부는 스프레이를 한다.)

중성화를 하게 되면 이러한 행동이 다소 줄어든다고는 하나 완전히 사라지는 것은 아니다. 종족 번식이라고 하는 가장 근본적인 본능은 인간에게 뿐만 아니라, 개나 고양이에게도 남아 있기 때문이다.

 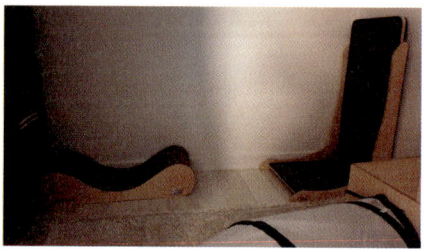

(왼쪽) 그림1-11 고양이는 자신이 긁어 봐서 긁히는 곳만 다시 긁는 습성이 있다
(오른쪽) 그림1-12 스크래쳐 설치는 고양이가 가장 많이 이용하는 곳에 설치

꼭 알아 두기 3

반려견의 마킹을 유도하는
마킹폴(Marking Pole)

여기저기 마킹을 해대는 반려견 때문에 골머리를 앓는 보호자라면 마킹폴을 이용해 보자. 반려견의 마킹을 한 곳으로 유도할 수 있는데 방식은 아주 간단하다.

아래 그림처럼 생긴 마킹폴(그림의 마킹폴은 부품들을 조립해 만든 제품)을 필요한 위치에 배치한다.

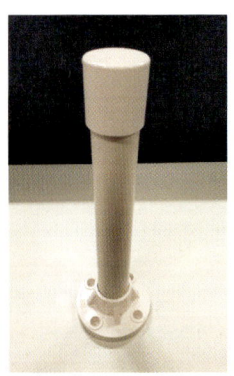

주로 마킹이 집중적으로 이루어지는 곳에 배치를 하되, 처음 배치를 하는 경우에는 몇 군데 배치를 해 보고 주로 마킹이 이루어지는 곳의 하나만 남겨 두는 방식으로 진행해도 좋다.

 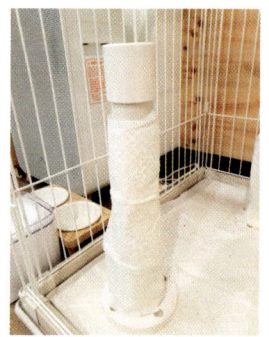

    배변패드를 마킹폴 밑에 깔아 두는 것이 유지관리에 유리하다.

    맨 처음 시작할 때는 반려견의 소변이 묻은 배변패드를 감싸 주기만 하면 된다. 마킹폴을 낯설어하지도 않고 자신의 소변 냄새가 묻은 배변패드로 인해 자연스럽게 마킹을 한다.

    여러 반려견이 이용하는 시설에서도 동일한 방식으로 마킹을 유도하면 좀 더 수월하게 마킹으로 인한 피해를 최소화할 수 있다.

    마킹폴은 실내뿐 아니라 실외에서도 효과적으로 적용이 가능하다.

4. 사람은 눈, 개는 코, 고양이는 귀 – 최우선 작동 감각기관

보호자가 엘리베이터에서 내려서 현관문까지 걸어가는 동안, 집 안의 개와 고양이는 벌써 그가 누군지 발걸음 소리를 통해 파악한다. 다만, 개는 현관문 앞에 와서 꼬리치며 기다리고, 고양이는 그냥 시크하게 눈길 한번 정도 주는 것으로 끝나는 차이가 있을 뿐이다. 똑같은 보호자의 발걸음이지만 그가 술에 취해 집 안으로 들어온다면 개는 평상시와는 다른 반응을 보이기도 한다. 소리를 잘 들을 수 있을 뿐만 아니라, 그 소리의 차이가 어떤 차이인지도 경험을 통해 알고 있다. 이는 마치 사람이 시각 정보를 통해 상대방의 상태를 파악하는 것과 마찬가지다.

사람은 70% 이상을 시각 정보에 의지해 상대를 판단하기 때문에 눈을 가리면 상대를 알아볼 가능성이 현저하게 떨어진다. 아무 말도 하지 않고 있는 상대를 후각이나 청각을 활용해서는 도저히 알 수가 없는 것이다. 그러나 반대로 개와 고양이는 시각 능력이 많이 떨어진다. 인간의 시력을 기준으로 본다면 0.2~0.3 수준에 불과하다. 그래서 상대를 파악하기 위해 발달한 것이 개는 후각 능력이고, 고양이는 청각 능력이다. 개는 후각

그림1-13 개와 고양이의 감각 작동 순서

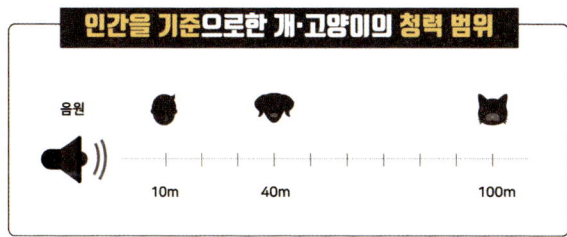

표1-2 개와 고양이의 청각 능력 비교

능력과 더불어 청각 능력이 버금가는 수준으로 발달했고, 고양이는 청각 능력이 독보적으로 발달했다. 보호자가 듣지 못하는 소리를 듣고, 맡지 못하는 냄새를 맡는다.

후각과 청각이 발달한 반려동물이 실내의 좁은 공간에 있게 되면 내외부의 소리나 냄새 자극으로부터 벗어나고자 노력을 해도 벗어나는 것은 거의 불가능하다. 짖어 대거나 숨어 버리는 것이 할 수 있는 거의 모든 행동이다. 일정 수준을 벗어난 자극은 스트레스를 유발하는 원인이 되기 때문에 개나 고양이의 후각과 청각 특성을 충분히 인지하여야 이들에게 가해지는 스트레스를 줄일 수 있다.

자신의 반려견이 자신을 쉽게 찾는지 알아보기 위해 박스 같은 곳에 숨어 있어도 반려견은 자신의 보호자임을 금방 알아차린다. 박스 안에서 흘러나오는 자신의 '엄마', '아빠'의 냄새를 맡는 순간, 꼬리를 흔들며 빨리 나오라고 짖을 것이다. 무서운 동물 인형을 둘러쓰고 있으면 잠시 동안 무서워할지 몰라도, 얼마 지나지 않아 결국 자신의 가족임을 알아챈다. 가족의 냄새를 맡아 내기 때문이다.

가끔 어떤 보호자는 집 안의 반려동물로 인해 자신에게서 냄새가 날

것을 우려해 향수를 바르는 경우가 있는데, 조심해야 한다. 다른 이들에게 반려동물의 냄새로 인한 피해를 주지 않는 것도 중요하지만 집에 있는 가족의 스트레스도 생각해야 하기 때문이다. 향수는 반려견에게 엄청난 후각적 자극을 주기 때문에 생각보다 크게 스트레스를 받을 수 있다.

5. 너와 나는 가는 길이 달라 - 개와 고양이의 동선(動線)

개와 고양이는 주택이라고 하는 제한된 공간 내에서 생활하면서 필요한 에너지를 소비하고 건강을 지킬 수 있는 활동을 할 수 있어야 하지만, '홈트'를 하는 것이 아닌 이상 대책이 필요한 것은 분명하다.

그림1-14 반려견에게 산책과 운동은 그 의미가 크다

요즘은 이전에 비해 반려견과 함께 산책을 하거나 운동을 하는 보호자들의 모습을 많이 보게 된다. 반려견 운동장이 갖춰진 공원도 만들어지고 시설들도 늘어나게 되면서 반려견 건강을 위한 활동에 도움이 되고 있다. 동물병원 등에 의한 의료 혜택과 더불어 야외활동을 통한 스트레스 해소가 반려견의 평균수명 연장에 크게 기여하는 것으로 보인다.

다만, 지속적으로 보살핌을 제대로 받지 못하고 실내에 머무는 경우가 많은 반려견은 실내에서의 활동만으로 스트레스의 해소나 건강을 위한 도움을 받기에는 어려움이 있다. 수직활동(?)이라고 해 봤자, 소파나 침대를 오르내리는 것을 제외하고는 거의 실내에서 뛰어다니는 수평활동이 운동의 대부분을 차지하게 된다. 그마저도 보호자가 집에 있을 때 공 물어 오기 정도에 그치는 경우가 많다.

개는 보호자와 함께 외부활동이라도 하면서 스트레스를 해소하고 에너지를 소비한다고 하지만, 고양이에게는 외부활동을 기대하기는 어렵다. 캣휠과 같은 고양이 운동기구를 통해 에너지를 발산하는 것도 도움이

그림1-15 공놀이가 오히려 관절 건강에 악영향을 미칠 수 있다. 미끄러운 바닥 요주의

된다. 근본적으로 고양이는 수직이동에 특화된 체형과 근육을 가지고 있는 동물이다.

고양이의 신체 능력 중 가장 탁월한 것이 바로 점프 능력이 아닐까 한다. 고양이과 동물들의 타고난 능력인 점프 능력을 키울 수 있는 환경과 조건을 실내에 만들어 줄 필요가 있다. 자신의 키의 5~6배 높이도 용수철처럼 튀어오르는 능력을 바탕으로 자신의 체형과 근육을 관리할 수 있도록 해 주어야 한다. 순간

그림1-16 운동을 도와주는 캣휠

적으로 뒷다리의 근육과 인대에 힘을 모아서 뛰어오르는 능력을 발휘할 수 있는 수직동선을 확보해 주는 것이 중요하다. 캣휠과 더불어 캣타워나 캣폴을 갖춰 주면 좁은 공간에서도 충분한 운동량을 확보할 수 있다.

그림1-17 수직활동을 원활하게 할 수 있는 캣타워 등의 시설을 갖춰 주면 실내에서도 충분한 운동량을 확보할 수 있다

그림1-18 캣타워와 더불어 캣스텝의 적정한 배치를 통해 고양이의 운동량을 극대화시킬 수 있다

6. 아군과 적군 - 초인종을 울리는 자

개는 원래 무리생활을 하던 습성이 있는 동물이다. 그러한 습성이 실내견화되었다고 해서 완전히 사라지지는 않는다. 우두머리를 중심으로 군집을 이루고 함께 집단생활을 해 오던 패턴이 유전되어 내려왔기에, 혼자 집에 있다가 외부에서 소리가 들리면 그에 대한 반응이 즉각적이다. 가족이면 달려가서 반갑다고 인사할 준비를 하고, 가족이 아니면 일단 짖어서 쫓아내려는 차이가 있을 뿐이다.

그림1-19 중형견 정도만 되더라도 짖음이 90dB 전후가 된다

근래 들어서는 실내견에게 생겨난 증상 중에 하나가 '우체부 신드롬'이라고 할 수 있다. 반려견의 입장에서는 우체부가 '적'일 것이고(요즘에는 그 대상이 주로 택배 종사자로 바뀌긴 했지만), 그가 방문할 때마다 짖었더니 곧 사라져 버리는(반려견의 입장에서는 적군을 무찌른), 아주 심플하지만 짜릿한 경험의 축적이 이루어졌다. 이러한 경험은 집을 방문하는 모든 외부인에게로 확장되었다. 방범설비가 부족했던 당시에는 반려견이 경비견으로서의 역할도 함께 수행하는 것이 집주인 입장에서는 오히려

그림1-20 반려견에게 노크(초인종)는 적군의 도발 신호다

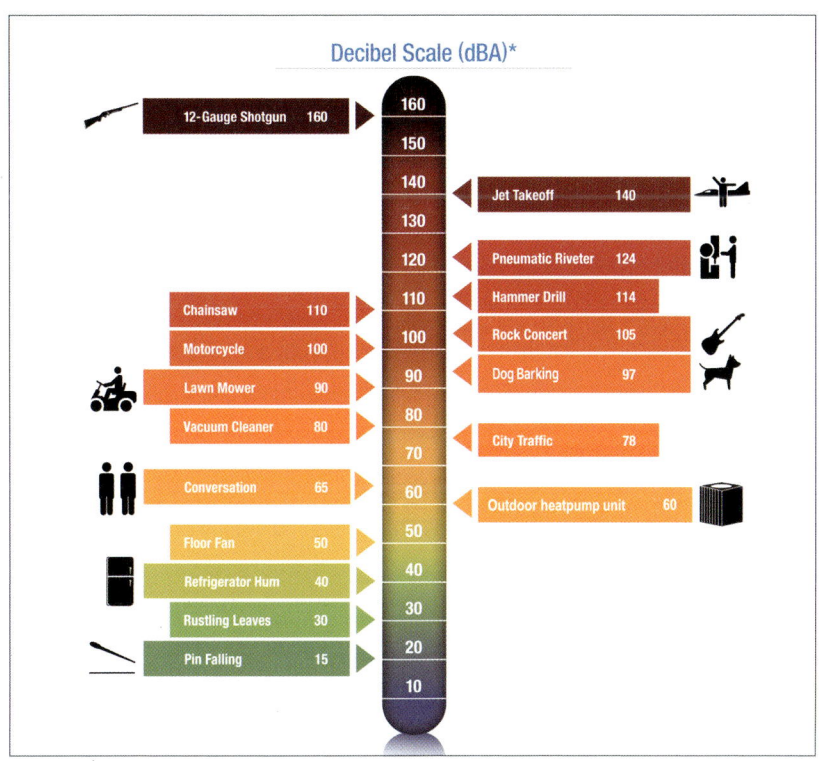

| 표1-3 대형견의 경우 평균 짖음 dB이 100dB에 육박한다

더 안심이 되었다.

본능에 충실한 행동이 보호자의 묵인하에 장려되던 시기를 거치면서 실내견의 외부 자극에 대한 짖음이 이제는 '층견소음'의 주범이 되고 있다. 이웃의 민원의 대상이 되고 있는 '짖음'이 소음으로 치부되는 것에는 그래서 억울한 측면이 있다. 한때는 짖지 못하도록 성대수술을 당하기까지 했으니 말이다. 반려견의 짖음을 교육을 통해 해결한다고 하더라도, 반려견 입장에서는 외부 자극에 대한 스트레스는 여전히 남아 있게 된다. 이 점이 실내에서 생활하는 반려견의 어려움이다.

고양이는 군집생활을 하는 개와 달리 단독생활을 해 오던 동물이다. 그것은 주거환경이 실내로 바뀐 뒤에도 그대로 유지가 되고 있어서, 한 공간에 여러 마리의 고양이가 함께 생활을 하게 되면 서로에 대해 경계심을 가지게 되고, 그런 만큼 영역표시 활동을 할 가능성이 높아지게 된다. 고양이 입장에서만 본다면 여러 마리가 함께 생활하는 것보다는 홀로 사랑받으며 생활하기를 간절히 바랄 것이다. 서로의 영역 침범에 대한 걱정이나 스트레스 없이 생활하는 것이 고양이의 본래 특성에 맞기 때문이다. 따라서 여러 마리의 고양이를 키울 경우에는 그에 맞는 실내환경을 구축할 필요가 있음을 명심해야 한다.

그림1-21 외부의 자극은 반려동물을 스트레스 받게 하고, 층견소음을 유발하는 원인이 되기도 한다

개는 외부적 자극에 따른 반응(짖음)이 소음으로 인식되는 상황이기 때문에 트러블의 원인이 될 수 있지만, 고양이의 경우에는 외부적 자극에는 트러블을 일으킬 만한 반응을 보이지는 않는다. 하지만 쥐들 간에 초음파로 주고받는 소리를 캐치해 낼 수 있을 정도로 탁월한 청각을 가졌기에 외부적 자극이 고양이에게 미치는 내재적 스트레스는 개에 비해서 크다.

백색소음이라고 하는 일상적인 소음에 대한 노출은 그리 크게 문제가 되지 않지만, 정기적이거나 자주 방문이 이루어지는 외부인에 의한 자극

| **그림1-22** 각자의 영역을 필요로 하는 고양이

은 스트레스가 쌓인다는 것을 기억하자. 별다른 반응이 없는 고양이를 보고 아무렇지도 않다고 생각하는 집사가 있다면, 고양이가 느낄 스트레스에 대해 좀 더 생각해 봐야 한다.

| **그림1-23** 외부 자극에 몸을 피하는 고양이(출처:셔터스톡)

2장

개와 고양이를 위한 펫인테리어

1. 조명이 반려동물 눈 건강을 지켜 준다구?

식탁이나 탁자 밑에 몸을 피하고 있는 반려견의 모습을 본 적이 있는가? 좁고 어두운 곳을 좋아하는 개의 습성상 안전을 도모하거나 휴식을 취하기 위해 식탁이나 탁자 밑으로 들어

그림2-1 탁자 밑에서 불빛을 피하고 있다면?

가는 경우가 종종 있다. 어려서부터 좁은 곳을 찾는 버릇이 있었다면 괜찮지만, 어느 날인가부터 시작된 모습이라면 눈에 가해지는 조명의 자극

을 피하기 위함일 수도 있다. 또한 어느 날인가부터 안구질환이 생겼는데, 동물병원에서도 안구질환에 대한 특별한 원인을 찾지 못했다면 조명에 의한 피해를 생각해 볼 수 있다.

그림2-2 눈에 가해지는 조명 자극을 피하고 싶은 것은 모두가 마찬가지다(출처:셔터스톡)

개와 고양이의 시력은 앞서 설명한 바와 같이 인간에 비해 떨어진다. 0.2~0.3 정도에 불과하기 때문에 다른 감각 능력을 통해 상대를 파악한다는 점을 설명했다. 그런데 개와 고양이의 반응 속도나 순발력 있는 움직임을 보고 있노라면, 시력이 절대 나쁠 것으로 생각되지 않는다. 장난감에 반응하여 쫓아오는 고양이나 공놀이하는 개가 즉각적으로 반응하는 것만을 봐 온 사람들은 개와 고양이의 (일반)시력이 낮다고 하면 대단히 의외라고 생각하거나 아예 믿지 않는 경우도 있다.

그렇다면 개와 고양이의 이런 반응은 도대체 어떻게 가능한 것일까?

그림2-3 플리커 현상이 심한 등일수록 개와 고양이의 안구에 미치는 악영향은 더 크다 (출처:셔터스톡)

그림2-4 움직이는 물체에 대한 반응은 동체시력으로부터 시작된다(출처:셔터스톡)

해답은 바로 '동체시력'에 있다. 움직이는 물체를 보는 능력을 말하는 동체시력(動體視力)은 운동선수들이 뛰어난 것으로 알려져 있지만, 개와 고양이에 비하면 아무것도 아니다. 보통 개와 고양이의 동체시력은 인간보다 4배 정도 뛰어나다. 그렇기 때문에 10m 밖에 가만히 있는 물체는 못 봐도 100m 밖의 움직이는 물체는 알아챌 수 있다. 이러한 동체시력에 순발력이 더해져서 발군의 운동 능력을 발휘하게 된다.

개와 고양이의 뛰어난 '동체시력'과 연관지어 가장 먼저 고려할 것이 집 안에 설치된 등이다. 집 안의 등 중에는 동체시력이 좋은 반려동물에게 큰 스트레스를 줄 수 있는 등이 설치된 경우가 많다. 집에 설치된 등이 플리커 현상이 있는 등인지 여부를 최우선적으로 확인해 보자. 플리커 현상이란 등의 깜박임 현상인데, 플리커 현상이 발생하면 개와 고양이에게는 안구에 많은 악영향을 미치게 된다. (플리커 현상이란 등의 깜박임 현상으로 교류전기를 사용하는 전등에서 발생하는데 1초에 120번의 깜박임이 생긴다. 휴대폰의 동영상 촬영모드를 슬로우 상태로 설정하고 전등을 촬영한 후 재생시켰을 때, 플리커 현상이 있는 등의 경우에는 전등의 깜박임 현상이 바로 확인된다.)

보호자 중에는 반려동물이 무서워할까 봐 저녁 시간이 되면 집 밖에서 집 안의 전등을 켜 두는 사람도 있고, 심지어 출근을 할 때부터 아예 전등을 켜 두고 나가는 경우까지도 있다. 플리커 프리 등이라면 문제가 없겠지만, 플리커 현상이 있는 등 같은 경우에는 오히려 더 고통을 주는 상황이 발생하게 된다.

개나 고양이는 사람보다 야간 시력이 좋다. 인간이 필요로 하는 빛의 1/6만큼의 빛만 있어도 개, 고양이는 충분히 볼 수 있다. 완벽한 어두움의 상태가 아니라면 실내가 어둡다고 무서워하지 않으니 걱정할 필요가 없다. 혼자 두고 나가는 미안한 마음에 보호자가 과한 걱정을 하는 것일 뿐, 개와 고양이는 문제가 되지 않는다.

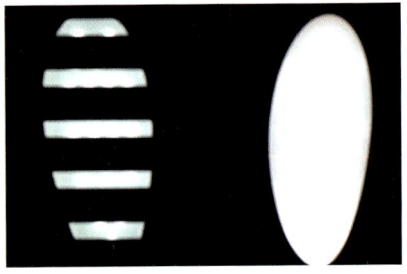

그림2-5 좌측이 플리커 현상이 있는 등

전등과 관련해서는 딱 한 가지만 기억하자. 플리커 현상이 없는 등을 설치하자. 현재의 안구질환이 개선될 수도 있고 향후 발생할 수 있는 안구질환의 예방에도 도움이 될 수 있기 때문이다.

그림2-6 이제 더 이상 개와 고양이가 무서워할까 봐 불을 켜 두지는 말자 (출처:셔터스톡)

2. 호흡기 질환을 줄여 주는 환기

개와 고양이는 단위 체중당 호흡량이 인간보다 15~20% 정도 더 많다. 실내 공기질이 좋지 않다면 사람보다 피해가 더 크다. 더구나 거의 하루종일 실내에 머무는 반려동물에 있어서는 실내 공기질의 저하가 미치는 피해는 더 커질 수밖에 없다. 사람이 일생 동안 섭취하는 물질을 중량비로 표시하면 공기가 차지하는 비중이 83%에 이른다고 한다(보다 구체적인 내용은 p.57 꼭 알아 두기 4 참조). 좋은 음식을 섭취하는 것도 중요하지만, 좋은 공기를 마시는 것도 그에 못지 않게 중요한 이유다.

그림2-7 공기질 개선을 위해서는 환기가 대단히 중요하다

공기질의 개선을 위해 환기가 중요하다는 것은 누구나 알고 있지만 환기가 여의치 않은 경우가 많다. 출근 후 퇴근 때까지는 계속 집이 비어 있다든가, 외부에 미세먼지가 많이 발생하고 있다든가 하는 경우가 있을 수

구분	공기청정기	자연 환기
공기 흐름	↻	⇄
미세먼지 제거	○	X
냄새 제거	△	○
산소 농도 개선	△	○
CO_2 농도 개선	X	○
VOCs 개선	△	○

표2-1 자연 환기를 할 때와 공기청정기만을 가동할 때의 차이점 비교

있는데, 이 때문에 하루종일 공기청정기를 가동하는 보호자도 있다. 공기청정기를 가동하는 것은 실내 공기질 개선에 분명히 도움이 된다. 다만, 실내 공기질에 대해 좀 더 정확하게 이해할 필요가 있다.

표2-1에서 보는 바와 같이 공기청정기를 가동하면 개선되는 부분이 있기는 하지만, 부족하거나 불가능한 부분도 있다. 이 때문에 외부 공기를 실내로 유입시킬 필요가 있는 것이다. 공동주택 중에는 천장에 환기장치가 설치된 경우도 있고 개별적으로 환기장치를 갖춘 주택도 있다. 환기장치가 있는 경우에는 집을 비운 때에도 작동하도록 타이머를 부착하든지, 외부에서 IoT를 통해 ON/OFF 시키면 실내 공기질을 최상으로 유지할 수 있다.

만약 환기장치가 설치되지 않았다면 집에 있는 동안 환기 횟수를 많이 높여 줄 필요가 있다. 다만 환기장치를 이용하여 환기를 하면서 공기청정기를 함께 사용하는 경우라면 좀 더 효율적으로 가동하는 방법을 알아야 한다.

공기질을 높이기 위해서는 공기청정기만을 가동해서는 안 된다. 표

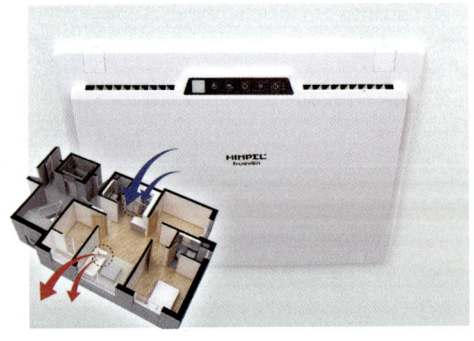

그림2-8 환기 유니트(전열교환기)의 모습

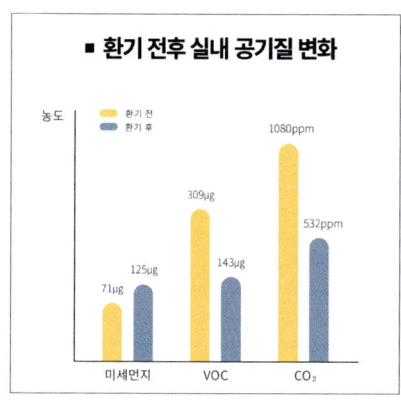 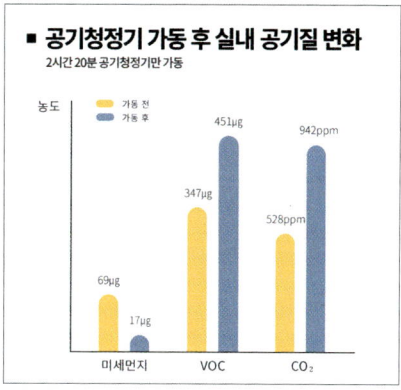

표2-2 실내 공기질 변화의 차이

2-2에서 보는 바와 같이 환기 없이 공기청정기만을 가동하게 되면 CO_2 농도와 VOCs 농도는 더 악화된다. 이것은 아무리 최고급 공기청정기를 쓴다고 하더라도 바뀌지 않는다. 공기질 개선을 위한 가장 좋은 방법은 실내 환기를 시킨 후에 공기청정기를 가동하는 것이다. 표2-2에서 보는 바와 같이 '환기 후 청정기' 방식으로 운영하게 되면, 실내 공기질을 최상의 상태로 유지할 수 있다. 밖에 미세먼지가 많다고 하더라도 환기 후 청정기 가동이 가장 좋은 결과를 만들어 낸다는 사실을 잊지 말자.

리모델링을 하는 경우나 천장에 손을 댈 기회가 있다면 모두의 건강을 위해 환기시스템 설치를 고려해 보자. 다만 일정 규모 이상의 공동주택에는 전열교환기라고 하는 환기시스템이 갖춰져 있으니 이를 먼저 확인해 보길 바란다. 갖춰져 있다면 전열교환기와 공기청정기를 동시에 가동하면 더 좋은 공기질을 만들어 낼 수 있다.

자동차를 운전할 때 밀폐된 상태로 30분만 지나도 내부 공기질은 급

격히 나빠져서 졸음이 오기 시작하는데, 이는 CO_2 농도가 높아지는 것이 직접적인 원인이다. 반려동물도 마찬가지로 공기청정기가 돌아가고 있어도 환기가 이루어지지 않으면 실내 공기 중 CO_2의 농도는 당연히 높아지고 공기보다 무거운 CO_2는 바닥부터 쌓이게 되어 호흡기의 위치가 낮은 반려동물이 가장 먼저 CO_2의 피해를 입을 수밖에 없다. 반려동물의 보다 건강한 실내 생활을 응원하기 위해서는 환기설비를 갖추고 공기청정기와 함께 적정한 가동을 하는 것이 제일 중요하다.

꼭 알아 두기 4

개나 고양이에게 실내 공기질이 사람보다 더 중요한 이유

실내 공기질이 사람보다는 반려동물의 건강에 미치는 영향이 훨씬 크다. 거의 하루종일 집에만 있고 사람에 비해 단위 체중당 호흡량이 많기 때문이다.

일생 동안 사람이 섭취하는 물질을 중량 기준으로 정리하면 83%가 공기다. 공기를 종류별로 분류해 보면, 오른쪽 그림에서 보는 바와 같이 실내 공기 57%, 공공시설의 공기 12%, 산업배기 9%, 외기 5%이다. 우리가 먹는 음식은 단지 7%에 지나지 않는다. 그만큼 공기가 차지하는 비중이 대단히 크다.

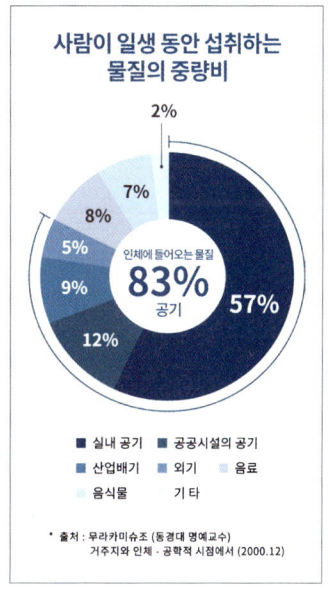

사람은 다양한 곳을 다니며 여러 곳의 공기를 마시게 되고, 필요에 따라 신선한 공기의 흡입을 할 수 있다. 개와 고양이는 선택의 여지 없이 거의 동일한 거주지 내에서 제한된 공기만을 흡입해야 하는 상황이다. 제한된 공간 내의 공기의 질이 이들에게 주어지는 공기 환경이다. 실내 공기질이 좋아야 하는 이유가 여기에 있다.

실내 공기질의 개선이 무슨 대단한 노력이나 비용을 필요로 하는 것은 아니다. 관심과 사랑의 영역 안에서 해결할 수 있는 부분이기 때문에 깨닫고 행동하는 것이 중요하다.

3. 보호자 스트레스를 줄여 주는 벽체 마감

반려동물에 의해 벽체가 훼손, 오염되는 경우는 심심치 않게 발생하는 일이다. 문제를 경험해 보지 못한 보호자들은 별나라 얘기겠지만, 한번 버릇이 생긴 반려동물은 벽체를 제대로 손보지 않으면 지속적으로 테러를 한다.

그림2-9 벽체 훼손은 보호자가 대응하기 어려운 부분 중에 하나다

고양이가 벽체에 스크래치를 하는 이유는 영역 활동 중의 하나다. 발톱이 닿을 수 있는 최대한 높은 곳에 스크래치를 내고 페로몬 향을 더해서 자신의 영역임을 표시한다. 스크래쳐로 유도하여 잘 따라오면 다행이지만, 계속적으로 동일한 장소에 스크래치를 하는 경우도 있다. 고양이는 처음 스크래치를 낼 때 스크래치가 생기지 않는 정도의 강성이 있는 벽체면 다시 할퀴려 들지 않기 때문에 스크래쳐로 유도가 되지 않는다면 벽체 마감을 강성이 있는 마감재로 교체

그림2-10 징두리벽을 강성이 좋은 바닥재로 시공한 모습

하는 것이 좋다.

개는 벽체와 관련해서 2가지 측면을 고려해야 한다. 벽체의 훼손과 오염이다. 벽체를 물어뜯기도 하고 마킹을 하기도 한다. 벽체 마감이 벽지로 되어 있는 경우가 많은데 벽지를 뜯게 되면 훼손에서 멈추는 경우도 있지만 뜯겨진 벽지를 먹기도 한다.

최근 시공되는 벽지는 실크벽지 비중이 높다. 디자인도 다양하고 벽체의 평활도를 깔끔하게 살릴 수 있다는 장점 때문에 많이 사용되고 있다. 그런데 실크벽지는 이름이 '실크'일 뿐이지, 제품의 성분은 대부분 고분자 화학물질이다. 그래서 개에게 해로울 수 있다. 훼손된 벽지를 섭취하게 되면 화학물질이 그대로 체내로 유입되면서 개에게 악영향을 끼칠 수밖에 없다.

반대로 마킹을 하는 경우에는 별다른 티가 나지 않아서 나중에라도 닦아 내면 깨끗이 닦이는 장점도 있다. 다만 자신의 반려견이 벽지를 자꾸 물어뜯는 버릇이 있다면 벽체 마감재를 다른 것으로 바꿔 보자.

그림2-11 벽체를 개와 고양이에게 대응할 수 있는 목재 마감으로 시공한 모습

그림2-12 소형견을 키우는 경우라면 걸레받이 높이를 조금 더 높여 시공하는 것도 하나의 방법이다

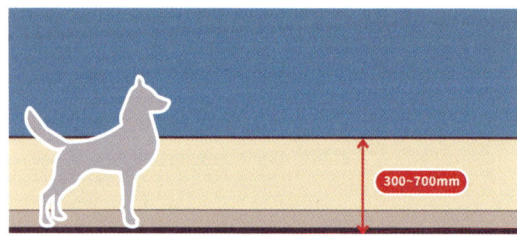

그림2-13 반려동물의 크기에 따라서 벽체 마감을 달리 하는 높이를 조절할 필요가 있다

그림2-14 벽체에 허리몰딩을 설치하여 벽체의 상하부 마감을 나누는 것도 한 가지 방법이다

그림2-15 징두리벽을 시공한 펫 프렌들리 호텔의 모습

4. 층견소음 민원은 어떻게 줄이지?

"우리집 아이가 내가 없는 동안 그렇게 많이 짖는 줄 몰랐어요."라는 고백을 하는 보호자가 있었다. 하울링이 아니라 짖음이었다. 자신이 집을 비운 동안 자신의 반려견이 얼마나 짖는지는 이웃 주민이 녹취한 것을 들으면서 알게 되었다.

그림2-16 층견소음이 점점 늘어 가고 있다

최근 들어 '층견소음'이 사회적 이슈가 되고 있는 것은 공동주택에서 반려견을 키우는 가정이 많이 늘어나는 것과 궤를 같이하고 있다. 개의 짖음에 의해 주변에 피해를 주는 것도 문제지만 여기서 추가로 짚어야 할 부분은 바로 반려동물의 스트레스다.

반려동물에게 있어서 소음의 의미는 사람과는 좀 다른 측면이 있다. 사람에게는 익숙한 소리일지라도 개나 고양이에게는 낯선 소리일 수 있고 스트레스를 유발하는 소리일 수 있다. 외부로부터의 소리에 대해 짖음이라는 최선의 수단으로 강하게 저항할 수도 있고 무서워서 자신이 가장 안전하다고 생각하는 곳으로 숨을 수도 있다.

그림2-17 반려동물에게 외부 자극(소리)으로 인한 스트레스가 의외로 크다(출처:셔터스톡)

집이라고 하는 제한된 공간에서 듣게 되는 소리는 제한적이긴 하지만, 한번 거부감을 느끼거나 무서움을 느끼게 된다면 트라우마로 남을 수도 있다. 또한 보호자가 없는 동안에 들려오는 소리로 인해 스트레스가 계속 쌓이기 때문에 개나 고양이가 듣게 되는 소리를 최소한으로 줄일 필요가 있다.

앞서 설명한 바와 같이 개나 고양이는 사람보다 청각이 많이 발달해 있다. 작은 소리도 듣지만, 넓은 범위의 소리도 듣는다. 특히 고양이는 개보다 청각 능력이 더 뛰어나서 고양이가 거주하는 집은 외부 소리 자극에 적극적으로 대응해서 소음 데시벨(dB)을 적극적으로 줄일 필요가 있다.

그림2-18 층견소음을 줄이기 위해 현관문 안쪽에 흡음재를 부착하는 보호자도 있다

일반 가정집에서 '층견소음'이 문제가 되는 가장 일반적인 경우가 현관문을 통한 위아래 층으로의 소리 전달이다. 현관문의 차음성을 기대할 수 없지만, 생각보다 현관문을 통한 소리의 전달이 꽤나 잘된다. 본래 기능이 방화문이기 때문에 방음문의 성능을 기대할 수는 없겠지만, 일반적인 현관문의 차음 성능은 20~25데시벨(dB) 정도로 확인된다. 그래서 우체부나 택배 소리가 실내로 별다른 제재 없이 전달되고 있다.

현관문을 통한 소리의 전달은 흡음재를 설치해도 사실 별다른 차이가

소음 레벨의 사례

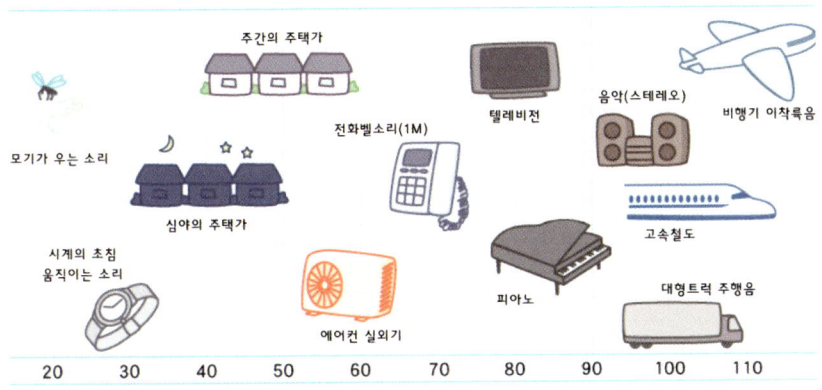

| 표2-3 소음의 정도를 생활환경 기준으로 비교

| 그림2-19 각종 중문의 형태

생기지 않는다. 효과적인 방법은 중문을 설치하는 것인데, 중문의 종류도 여러 가지가 있다.

중문은 〈그림2-19〉에서 보는 바와 같이 대략 3가지 타입으로 구분할 수 있고, 가장 일반적으로 쓰이는 것은 1번 타입이다. 편하게 사용하고 공간을 절약할 수 있다는 측면에서는 장점이 있으나 반려동물을 키우고 있는 가정에서는 효과적이지 않다. 무엇보다 차음 성능이 있어야 '층견소음'에 대응할 수 있다. 〈그림2-19〉의 3번(밀폐형 여닫이문)이 차음 성능은 가장 우수해서 '층견소음'으로 인한 트러블을 줄일 수 있다. 더불어 외부로부터의 소음이 실내로 유입되는 것을 상당히 줄여 주기 때문에 실내의 반려동물에게 발생하는 스트레스도 줄여 준다.

표2-4에서 보는 바와 같이 소형견인 포메라니안과 중형견인 보더콜리는 몸무게로 비교하면 보통 5배 정도의 차이를 보이지만, 짖음 데시벨(dB)은 큰 차이를 보이지 않는다. 필자가 키우고 있는 몰티즈도 짖을 때

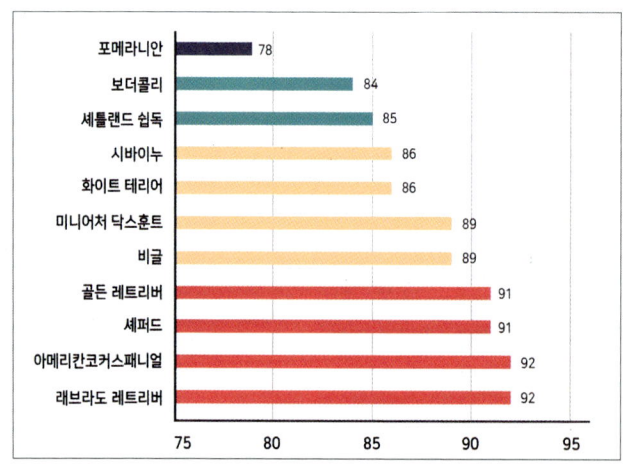

표2-4 견종별 짖음 데시벨(dB)- 5m 떨어진 거리에서 측정

그림2-20 내부에서 80dB의 음원을 작동시켰을 때 현관문 앞에서의 dB 수치

측정을 해 보면 80~85dB 정도의 수치를 보인다. 현관문 밖에서 측정을 해도 55dB 전후의 수치가 나오는데 이는 대부분의 공동주택에서 비슷한 양상을 보인다.

현관 쪽에서 들리는 소음 문제를 줄이기 위해서는 중문이 30dB 정도의 차음 성능을 갖추면 된다. 반려견의 짖음 데시벨을 90dB 정도를 기준으로 한 것인데, 중문과 현관문에서 40~50dB 정도를 줄일 수 있어야 한다. 이 정도 차음성이 있어야 닥스훈트나 레트리버 등의 짖음 소음을 커버할 수 있다.

중문을 설치할 수 없는 경우라면 현관문에 흡음재를 설치할 것을 권한다. 다만 흡음재를 설치하기 전에 먼저 차음시트를 부착하고 그 위에 〈그림2-21〉처럼 흡음재를 부착하는 방식으로 해야 한다. 흡음재만 설치하면 그다지 큰 효과가 없고 스스로 위안을 삼는 수준에 불과하기 때문이다.

현관문 다음으로 외부로 소음이 전달되기 쉬운 곳이 바로 창문이다. 자신의 반려동물이 답답해할까 봐 창문을 열어 두고 집을 비우는 경우가 의외로 종종 발생한다. 이는 분명히 시정되어야 할 보호자의 행동이다.

| 그림2-21 흡음재가 시공된 현관문

그림2-22 차음용 시트와 벽체에 시공된 차음시트의 모습

다른 이들에게 피해를 주지 않기 위한 가장 기본적인 펫티켓이 갖춰져 있지 않으면 보호자로서의 자격이 없는 것이다.

요즘 창문은 복층유리, 삼중유리 등을 사용하고 창호도 이중창호나 시스템창호를 설치하기 때문에 차음 효과가 우수하다. 그럼에도 소음이 문제가 되는 경우가 있는데, 보통은 창호가 오래되었거나 제 기능을 상실한 창호인 경우다. 반려견의 짖음 때문에 문제가 발생하고 그 통로가 창문이라면 방음 커튼을 생각해 보자.

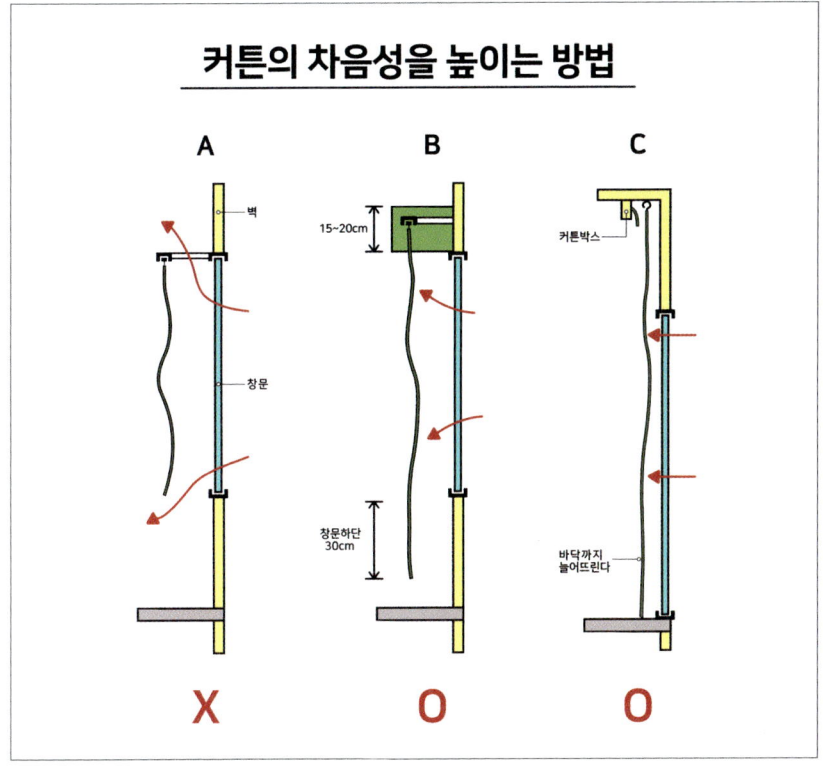

| 그림2-23 커튼의 차음성을 높이는 방법

커튼은 〈그림2-23〉을 참조하여 설치하게 되면 차음 성능을 높일 수 있다. 여기서 핵심은 중간창문인 경우 창의 하단에서 30cm 이상을 길게 하는 것이고 바닥창문인 경우에는 커튼이 바닥에 끌릴 정도로 길이를 맞춰 주면 된다는 점이다. 커튼 재질은 당연히 차음용을 사용한다. 이를 통해 내부의 짖음 소음이 외부로 전달되어 민원이 발생하는 것을 줄일 수 있다.

꼭 알아 두기 5

개의 짖음 데시벨(dB)

개의 짖음이 어느 정도의 소음 dB인지 알고 있는 보호자는 많지 않다. '층견소음'에 항의하는 이웃 주민의 말에 '우리 개는 그 정도로 심하지 않아'라고 생각해서는 문제가 해결되지 않는다. 개의 기본적인 짖음 dB에 대해 알아보자. 2004년 일본의 환경성의 주관하에 이루어진 시험 결과다.

주관 : 일본 환경성(2004년) 　　대상 : 반려견 11종, 26마리
방법 : 반려견의 전방 5m에서 측정　dB : 최고 dB이 아닌 평균 dB 값을 적용

견종	포메	보더	쉽독	시바	화테	닥스	비글	골든	셰퍼	코커	래브
구분	소형	중형	중형	중형	중형	소형	중형	대형	대형	중형	대형
체중	1.3~3.2	12~20	8~12	7~10	7.5~10	3.5~5	10~14	27~36	30~43	10~12	23~34
dB	78	84	85	86	86	89	89	91	91	92	92

대체적으로 몸무게가 많이 나갈수록 짖음 dB도 높아지는 경향이 있다. 그렇다고 소형견의 짖음 dB이 낮은 것은 아니다. 2kg 전후의 소형견인 포메라니안의 평균 짖음은 78dB이지만, 최고는 90dB을 넘기도 한다.

피아노가 85dB 정도의 소음이기 때문에 작은 강아지의 짖음도 작다고 할 수 없다. 주택 자체가 소음에 취약한 경우에는 이로 인한 '층견소음' 발생 우려가 높고, 특히나 야간에는 그 영향이 더 클 수밖에 없다.

미국 사례를 본다면 개의 짖음 dB을 약 100dB로 상정하고 계획을 세우

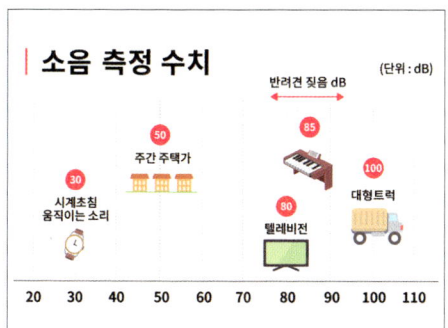
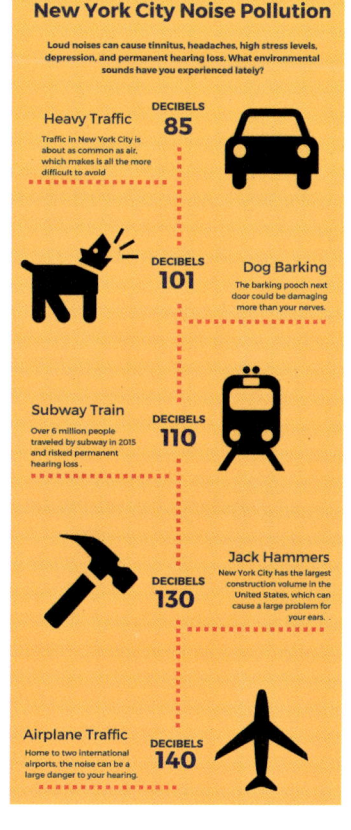

거나 제재를 가하는 것이 일반적이다. 대형견의 비중이 높기도 하지만, 평균 짖음 dB이 90대 초반이 나온다고 하더라도 최고 dB은 110dB을 넘기는 경우도 많기 때문이다. 미국은 공동주택의 비중이 20% 정도이고, 일본은 약 45%임에도 '층견소음'으로 인한 피해를 줄이기 위해 개의 짖음 dB의 기준을 갖추고 있다. 우리나라는 현재 공동주택의 비율이 80%에 가깝기 때문에 개의 짖음에 의한 주변 피해가 발생할 가능성이 더 높음에도 아직까지 국내에서는 이에 대한 기준이나 연구가 전무한 상황이다.

앞으로 기준이 제시되거나 제도화되기까지 시간이 소요될 것으로 보이지만, 반려인 입장에서는 지금부터라도 개의 짖음 dB에 대한 관심을 가지고 서로 '층견소음' 문제를 해결하기 위한 노력이 필요할 것으로 보인다.

5. 세상은 넓고 펫도어(Pet Door)는 많다

　한 침대에서 자던 반려견이 오밤중에 방문을 열어 달라고 문을 긁어 대고 옆에 와서 짖어 대는 바람에 꿀잠을 멈추고 일어나서 문을 열어 주는 보호자. 추운 겨울인데도 고양이가 화장실에 갈 수 있도록 창문을 열어 두고 생활하는 보호자. 낯설지 않은 우리 주위의 반려동물 보호자들의 모습이다. 펫도어를 설치해 두었으면 고생하지 않고 쉽게 해결할 수 있는 문제인데 펫도어에 대해 잘 모르는 보호자들이 많다. 반려견, 반려묘, 보호자 모두가 행복해질 수 있는 초간단 아이템, 펫도어에 대해 알아본다.

　펫도어는 개나 고양이가 다닐 수 있도록 만들어진 작은 문을 말한다. 방문이나 벽(심지어 방충망, 현관 등에도), 필요한 곳에 적당한 크기의 구멍을 만들어 주는데, 문이 있는 경우도 있고 없는 경우도 있다.

　펫도어는 개나 고양이가 다닐 수 있도록 동선을 확보해 준다는 간단명료한 얘기지만, 어디에 어떻게 적용하느냐에 따라 그 효과는 생각 이상

| **(왼쪽) 그림2-24** 펫도어는 동선 확보의 의미가 크다
| **(오른쪽) 그림2-25** 통행 차단 장치가 설치되면 더욱 유용하다

(왼쪽) 그림2-26 고양이에게 확보해 줄 수 있는 동선은 그야말로 '자유'다
(오른쪽) 그림2-27 반려견의 크기에 따라 펫도어의 크기나 설치 높이 등을 결정해야 한다

으로 크다. 그야말로 가성비 갑의 아이템이다.

우선, 활동 공간의 확대를 들 수 있다. 실내의 제한된 공간에서 펫도어를 통해 다른 공간으로의 이동이 가능해짐으로써 개, 고양이에게는 그만큼 움직일 수 있는 범위가 확대되고 그에 따라 운동장이 넓어지는 효과가 생긴다.

또한 화장실에 배변 훈련을 시킨 경우에는 화장실 문에 펫도어를 설치하면 좋다. 평소에는 관계없지만 손님이 오거나 화장실 문을 닫아야 하는 경우라면 펫도어가 있을 때 안심이다.

집에 반려동물이 혼자 있게 되는 경우는 실내 온도가 방방마다 다를 수 있다. 모든 문을 열어 둘 필요 없이 방의 온도를 약간씩 다르게 설정하고 개는 자신에게 가장 적정한 온도의 방을 찾아가서 자거나 쉴 수 있고, 고양이는 자신의 안전을 확보하면서 다양한 움직임을 할 수 있는 환경이 만들어져서 좋다. 물론 고양이도 자신에게 적당한 곳을 골라서 잠을 청하거나 쉴 수 있어서 좋다.

그림2-28 화장실에 배변 훈련을 시킨 경우 유의할 사항이 있다. 펫도어는 필요조건이다

보호자가 반려동물을 위해 방문을 열어 놓고 잠을 자거나 거실 창문을 열어 두게 되면 잠을 자는데도 불편이 따르고 냉난방에도 불리한 환경이 된다. 펫도어를 설치함으로써 깊은 잠을 자고 에너지 소비도 줄일 수 있다면 펫도어로서의 기능은 최고가 아닐까 한다.

이렇듯 유용한 기능을 하는 펫도어지만, 설치 시에는 유의사항이 있다. 펫도어는 아무래도 개나 고양이 입장에서는 낯선 물건이기 때문에 처음에는 겁을 내기 마련이지만, 보통 3~4일 안에 적응을 하고 잘 이용하는 모습을 볼 수 있다. 다만 설치한 후에는 '긍정 강화 훈련'과 마찬가지로 문을 통과하면 좋은 일이 생긴다는 기억을 만들어 주도록 한다. 도어를 통과하면 간식으로 보상을 해 주는 방식으로 훈련시켜 주면 되고, 도어가 부착된 타입이 아닌 경우에는 알아서 잘 다니니 특별히 신경 쓰지 않아도 된다.

| 그림2-29 펫도어를 벽체에 만들어 주어도 좋다

| 그림2-30 펫도어만 있으면 방문을 열어 두지 않아도 된다

| 그림2-31 발코니에 펫도어가 부착된 새시를 설치해 주면 안전하고 효과 만점이다 | 그림2-32 동선의 확장을 위해서는 '연습'이 필요하다 |

그림2-33 방충망이나 외부에 면하는 곳에 펫도어를 설치해 주는 것도 좋다

펫도어는 규격이나 재질이 다양하므로 자신의 환경에 맞는 제품을 선택하여 설치하면 된다. 최근에는 와디즈 펀딩을 통해 발코니에 간편하게 설치할 수 있는 타입의 펫도어도 선보이고 있고, 기성품 중에는 국내외 다양한 사양의 제품이 있으니 필요에 따라 구입하여 설치하면 된다. 직접 설치가 어려운 경우에는 펫도어 설치까지 진행해 주는 펫도어 생산업체도 있으니 참조하자.

전원주택 등 단독주택에 거주하는 경우에는 거실 쪽 방충망〈그림2-33〉이나 현관 쪽에 펫도어〈그림2-34, 35〉를 설치해 보는 것도 추천한다. 그림에서처럼 반려견이 편하게 이동할 수 있어서 잔디밭에서 실컷 뛰놀 수 있는 약속의 문이 될 수 있다. 다만 방범 문제 등을 생각해서 도어의 크기나 설치 위치 등은 신중한 검토가 필요하다.

그림2-34 현관문 옆에 펫도어를 설치한 모습

그림2-35 현관문에 직접 펫도어를 설치한 모습

꼭 알아 두기 6

개와 고양이를 함께 기르는 비법

개와 고양이를 함께 기르는 집에서는 걱정이 많다. 반려동물 각각의 어려움도 있지만, 개와 고양이 사이에 발생하는 트러블까지 함께 감당해야 하기에 어려움은 배가된다. 다행히 개와 고양이가 사이좋게 지내면 좋겠지만, 그렇지 않은 경우가 대다수여서 개와 고양이를 함께 키우고자 하는 보호자에게 도움이 될 만한 팁을 알려 주려 한다.

1. 반려견 먼저 양육하기

무리 의식이 강한 개와 단독생활을 좋아하는 고양이. 먼저 키운다면 남을 받아들이기 쉬운 개를 키우는 것이 좋다. 각각의 성격이나 궁합에도 맞다. 개에게도 고양이에게도 보호자가 각각 적절한 관심을 평등하게 기울여 주면 많은 문제를 막을 수 있다.

2. 높은 위치에 고양이의 거처 만들기

개는 평면에서 생활하는 것에 비해, 고양이는 입체적인 생활을 한다. 개가 절대 올라갈 수 없는 높이에 고양이의 거처를 만들면 조용히 쉬고 싶을 때, 개도 고양이도 각각의 영역에서 지낼 수 있다. 쓸데없는 꼬리물기나 싸움을 막을 수 있다.

3. 고양이 사료는 높은 위치에 두기

　육식인 고양이는 잡식인 개에 비해 단백질 식사가 필요하다. 고양이 사료는 지방질도 높아서 개가 맛있다고 생각해서 먹게 되면 개의 건강을 해치는 원인이 된다. 또 고양이는 개와 달라서 한번에 먹지 않고 세월아 네월아 하는 습성이 있다. 따라서 고양이 사료는 개가 닿지 않는 위치에 놓는 것이 좋다.

4. 고양이의 착지음을 막기

　높은 곳에서 내려오는 것은 고양이의 특징이다. 청각이 뛰어난 개의 입장에서는 뛰어내릴 때 발생하는 '착지음'에 깜짝 놀라는 경우가 있다. 이로 인한 스트레스가 만만치 않기 때문에 낮은 위치까지 '캣스텝'을 만들어 주고, 발을 딛는 부분에 충격 완충용 매트를 깔아 주자. 개가 놀라는 것을 줄일 수 있고, 고양이의 관절 건강에도 좋다.

　특히 '착지음'을 줄여 주는 것은 '층간소음'에 대한 대비로서도 의미가 있다. 계속 뛰어내리는 행위를 하는 것은 아니기 때문에 크게 문제 삼지 않을 수도 있겠지만 아랫집의 입장에서는 층간소음이 줄어 좋다.

3장

1. 반려견의 입장에서 실내 바라보기

사람도 마찬가지지만 실내에서 예상치 못한 부상을 당하는 사례가 비일비재하다. 어린아이부터 어르신에 이르기까지 인간에게 최적화된 환경임에도 부상을 당하고 있는데 반려견이 빈번히 부상을 당하는 것은 당연할 수밖에 없다. 실내환경이 반려견에게는 위험하게 작용하는 경우 외에도 달리기, 점프, 뛰어내리기 등의 활동이 많기 때문에 부상이 많을 수밖에 없다.

표3-1에서 보는 바와 같이 사고 장소는 거실인 경우가 절반 이상을

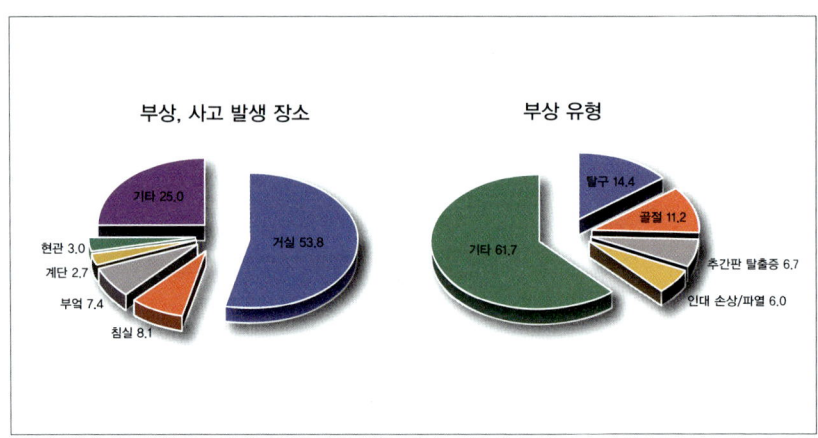

표3-1 반려견은 실내에서 의외로 많은 부상을 당하고 있다(출처:2015 일본 보험협회)

차지하고 있고 부상의 유형 중에는 탈구나 골절 등의 중상을 당하는 사례가 많다. 성인들은 잘 못 느끼거나 사고를 당하는 경우가 적은지 몰라도 노약자는 실내에서 미끄럼 등에 의한 사고를 당하는 경우가 많은데, 개의 경우에는 노약자보다 훨씬 더 많이 미끄러지고 사고로 이어지는 경우가 많다.

〈그림3-1〉에서 보는 바와 같이 실내견을 위한 인테리어는 여러 가지 측면에서 다양하게 적용할 수 있다. 활동 범위가 넓을수록 적용할 아이템이 늘어나기도 하지만, 가장 중요하고 핵심적인 아이템은 개의 건강과 안전을 구축할 수 있는 것이어야 한다. 이번 3장에서는 실내견을 위한 안전환경, 건강환경을 만들어 주기 위해 필요한 인테리어에 대해 설명하고자 한다.

| 그림3-1 개를 위한 인테리어는 다양하다

꼭 알아 두기 7

개를 위한 최소 필요 면적

* 미국 농무부(USDA)와 미국 동식물검역소(APHIS)의 권장 규정

　미국의 동물복지법에 따르면 반려견을 위한 하우스는 자유롭게 돌아다니고, 편안하고 정상적인 자세로 서 있고, 눕고, 정상적인 자세로 걸을 수 있는 충분한 공간을 제공해야 한다고 규정하고 있다.

　이 규정을 근거로 미국 농무부(USDA)와 미국 동식물검역소(APHIS)는 아래와 같이 '개를 위한 최소 필요 면적 표'를 만들어 권장하고 있다.

- 기준
  1. 하우스의 가로, 세로 길이 - 개의 몸 길이보다 15cm(6inch) 이상일 것
  2. 하우스의 천장 높이 - 개의 머리 상단보다 15cm(6inch) 이상 높을 것

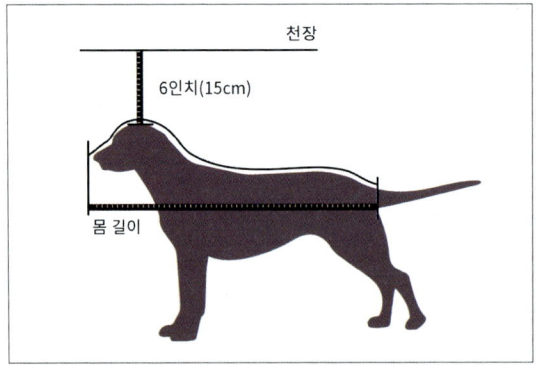

몸 길이 Centimeter	최소 면적 cm²	몸 길이 Centimeter	최소 면적 cm²	몸 길이 Centimeter	최소 면적 cm²
18	1,089	50	4,225	82	9,409
20	1,225	52	4,489	84	9,801
22	1,369	54	4,761	86	10,201
24	1,521	56	5,041	88	10,609
26	1,681	58	5,329	90	11,025
28	1,849	60	5,625	92	11,449
30	2,025	62	5,929	94	11,881
32	2,209	64	6,241	96	12,321
34	2,401	66	6,561	98	12,769
36	2,601	68	6,889	100	13,225
38	2,809	70	7,225	102	13,689
40	3,025	72	7,569	104	14,161
42	3,249	74	7,921	106	14,641
44	3,481	76	8,281	108	15,129
46	3,721	78	8,649	110	15,625
48	3,969	80	9,025	112	16,129

　예를 들어 몸 길이 30cm 정도의 몰티즈를 위해서는 2,025㎠ 정도의 하우스 면적(약 0.6평)이어야 하고, 몸 길이 1m 정도의 레트리버를 위해서는 13,225㎠ 정도의 하우스 면적(약 4평)이어야 한다.

　동물보호소나 호텔 등 하우스에 오랜 시간 있어야 하는 경우에 이 면적 기준을 최소단위로 적용할 것을 권장한다.

2. 관절 건강을 지켜 주는 마감

반려견이 실내견화되면서 생겨난 어려움 중에 하나가 실내 바닥의 미끄럼에 의한 사고나 관절 관련 질환이다. 이는 비단 우리나라에만 국한하는 상황이 아니라, 반려동물 문화가 우리보다 많이 앞서 있는 일본의 경우에도 동일하다. 주거환경이 우리와 비슷한 (반려견 중 실내에서 생활하는 반

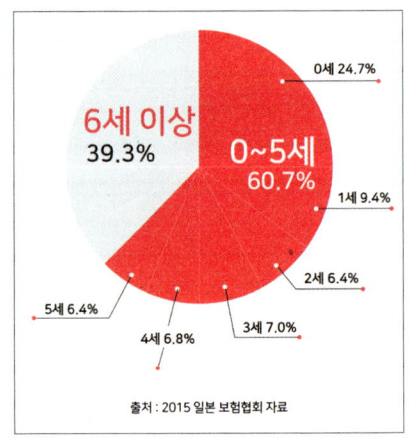

표3-2 실내견의 관절질환 발생 비율

려견의 비중이 일본과 한국 모두 약 90% 정도) 일본의 통계자료를 바탕으로 보자면, 실내견의 60% 이상은 6살 이전에 관절 관련 질환을 앓고, 19.2%는 슬개골 탈구 수술을 받는 것으로 나타났다. 특히 10kg 미만의 소형견 중에는 20%가 넘는 비율로 슬개골 탈구가 발생하는 것으로 나타나고, 그중 40%는 3살 미만에 발병하는 것으로 조사되었다.

체중	발생률
< 10kg	20.1% (521/2,587마리)
10~20kg	8.7% (11/127마리)
> 20kg	1.85% (1/56마리)

표3-3 실내견의 슬개골 탈구 발생 비율(安川愼二-야스카와 신지 일본대학대학원 2015) 犬の膝蓋骨内方脱臼において生じる骨変形と病態の解析 日本大学大学院獣医学研究科獣医学専攻博士課程 安川愼二(2015)

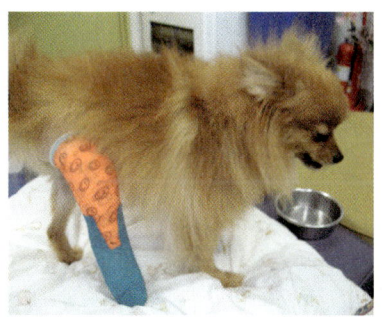 

| 그림3-2 슬개골 탈구 수술 후 모습 | 그림3-3 실내 바닥이 반려견에게는 의외로 많이 미끄럽고 실제로도 많이 미끄러진다

관절 관련 질환은 쉽게 낫는 질환도 아니고 슬개골 탈구까지 발생하게 되면 반려견뿐만 아니라 보호자 입장에서도 금전, 시간, 심리적으로 대미지가 클 수밖에 없다.

보호자 입장에서는 미끄럼을 방지하거나 줄이기 위해 실내에 여러 가지 조치를 하는 경우가 많은데 이를 통해 효과를 보기도 하고 그럼에도 불구하고 관절질환이나 슬개골 탈구, 심지어 디스크까지 발생하는 상황은 지속되고 있다. 반려견을 위한 안전환경, 건강환경에서 가장 중요한 부분이 실내 미끄럼 완화나 방지기 때문에 이에 대한 조치가 무엇보다 우선되어야 한다.

반려견을 위한 조치를 하더라도 어떤 것을 어떻게 해야 반려견뿐 아니라 보호자 입장에서도 안전하고 유지관리에 편의성을 높일 수 있는지, 가볍게 할 수 있는 것부터 리모델링이나 신축을 하는 경우에 적용할 수 있는 방법까지 다양한 방법들이 있다.

| **그림3-4** 반려견의 미끄럼 방지를 위한 다양한 노력이 이루어지고 있다

3. 강아지 매트를 깔아도 기본은 알고 깔자

아파트나 빌라 등 공동주택에서 생활하는 반려인의 경우에는 바닥 소음이나 미끄럼 방지 등의 목적으로 바닥에 매트를 까는 경우가 많은데 매트의 종류, 두께, 마감 방식 등의 차이가 현저해서 필요한 곳에 적절한 제품을 선택해야 한다. 반려견용으로는 일반적으로 많이 사용하는 제품이 4~7mm 두께의 PVC 재질의 매트이고 이외에도 러그나 롤카펫, 타일카펫 등의 제품도 판매되고 있으나 각각의 장단점을 알고 적용할 필요가 있다.

(1) 용도 및 두께

일단 매트를 설치하는 경우에는 두께가 두껍지 않아도 된다. 통상 3~5mm 정도면 소파나 침대에서 뛰어내려도 아랫집에 그다지 영향을 주지 않는다. 다만 '우다다'에 대비용이거나 관절 보호를 위한 미끄럼 방지용이라면 주로 이용하는 공간(특히 거실)에 전반적으로 빈 곳이 없도록 깔아 주는 것이 좋다. 매트가 부분적으로 깔려 있으면 매트로만 다니다가

그림3-5 매트 사용 시 주의 사항을 알아야 더 효과적으로 사용할 수 있다(출처:퍼핑매트)

도 경우에 따라서 깔리지 않은 면을 달리거나 하는 경우도 생긴다. 경험해 본 반려인은 알겠지만, 이때는 전체가 안 깔려 있는 경우보다 더 많이 심하게 미끄러지는 상황이 발생한다. 미끄럼에 의해 넘어지거나 부딪히는 사고가 발생하기도 하기 때문에 매트를 깔 때는 빈 공간이 생기지 않도록 깔아 주는 것이 중요하다.

실내 바닥을 빠뜨리지 않고 매트를 다 깔아 준다 하더라도 여러 재질의 제품을 깔 경우에는 미끄럼에 대한 부분을 유념할 필요가 있다. 각각의 제품이 미끄럼이 적은 제품일지라도 제품 간에 CSR값(Coefficient Slip Resistance, 미끄럼 저항값)의 차이가 0.2 이상 발생하게 되면 미끄럼 사고가 발생할 수 있다. (예를 들어 CSR값이 0.5인 제품만 깔려 있다면 미끄러지지 않은 상황임에도 논슬립 CSR값이 0.5인 제품과 0.8인 제

| **그림3-6** 매트는 빈 곳이 생기지 않도록 깔아 주는 것이 중요하다(출처:퍼핑매트)

| 그림3-7 매트가 깔리지 않은 곳에서 더 많이 미끄러질 위험이 있다

품이 있는 경우, 0.5인 제품에서 미끄러질 수 있다는 의미다.) 표면의 거친 정도나 미끄러운 정도의 차이가 비슷한 제품을 깔아 두어야 매트 위에서의 미끄러짐도 줄일 수 있다.

(2) 단차

매트를 까는 경우에는 같은 두께의 제품을 깔아 주는 것이 좋다. 매트 간에 두께의 차이로 인한 단차가 발생하게 되면 사람에게는 그다지 큰 문제가 되지 않지만 반려견에게는 위험을 초래할 수 있다. 10mm의 높이 차이라고 하더라도 개에게는 특히 소형견에게는 걸려 넘어질 수 있는 턱으로 작용할 수 있다. 설령 넘어지지 않더라도 지속적으로 걸리게 되면 다리 관절에 영향을 줄 수 있다.

또한 다리가 상대적으로 짧은 견종의 경우에는 더욱 그러하다. 따라서 매트를 깔 경우 매트 간의 두께 차이가 생기지 않도록 신경을 써야 한다. 특히 바닥 전체에 매트를 깔지 않는 경우에는 깔리지 않는 부분에서의 미끄럼 사고와 단차에 의한 걸림이 발생할 수 있다는 점을 명심하자.

그림3-8 매트 자체가 너무 두껍거나 매트 간의 두께 차이에 의해 발걸림이 생길 수 있다

그림3-9 매트는 동일한 두께와 재질의 제품을 깔아 주면 위험을 줄일 수 있다

(3) 러그, 카펫의 마감 방식

러그나 카펫의 마감 방식에는 루프타입과 컷팅타입이 있는데 각각 장단점이 있다. 루프타입은 〈그림3-10〉처럼 직조를 하는 방식을 말하는 것으로 반려견, 반려묘의 발톱이 걸리는 경우가 있다. 발톱이 걸리게 되면

그림3-10 좌측이 컷팅타입, 우측이 루프타입

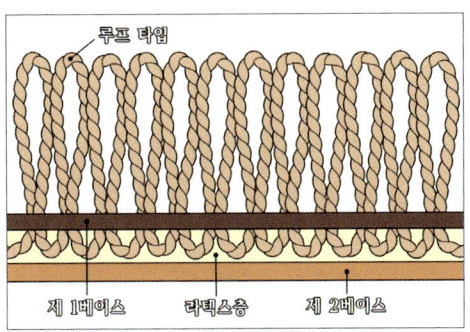

그림3-11 루프타입은 발톱 걸림이 생긴다. 지속적으로 반복되면 발톱 뿌리 부분에 악영향을 미친다

발톱이 꺾이면서 피부 손상 등의 영향을 줄 수 있고 고통이 수반되기도 한다.

반면에 배변이나 오물 등이 발생하는 경우에는 청소가 쉽다는 장점이 있다. 컷팅타입은 발톱이 걸리는 위험이나 불편함은 없으나 청소하기 어렵다는 단점이 있다. 이러한 특징을 감안하여 루프타입의 러그나 카펫을 까는 경우에는 발톱 관리에 신경을 써야 한다.

그림3-12 루프타입 카펫의 표면 상태

(4) 제품 재질

어떤 종류의 깔개가 되었든, 재질 자체가 가지는 안전성에 유의하자. 반려견이나 반려묘가 순간적인 동작을 하는 경우에는 바닥을 할퀴듯 짚고 튀어 나가는데, 제품의 재질이 약하게 되면 곧바로 홈이 패이거나 할

퀴어져서 못쓰게 되는 경우도 있다.

또한 반려견의 경우에는 여러 이유로 바닥을 핥게 되는 경우가 많은데 친환경 제품 인증 여부를 확인할 필요가 있다. 보통은 유아용 매트의 안전 기준에 준하는 인증을 받으면 안전하다고 할 수 있다. 최근에는 애견단체의 인증을 받은 제품도 판매되고 있으니 제품 안전에 대한 최소한의 기준을 충족하는 제품을 구입하도록 한다.

그림3-13 바닥 핥기는 습관적으로 이루어지고 있는데, 건강에는 좋지 않은 영향을 미칠 가능성이 높다

4. 미끄럼 방지 코팅도 반려견 전용이 있다구?

작년까지만 해도 반려견이 등장하는 장면에서 반려견의 귀엽거나 재미있는 장면을 만들어 내기 위해 바닥에서 미끄러지는 모습을 내보내는 프로그램들이 제법 있었다. 지금이야 그런 장면 내보내면 댓글 폭탄 맞을 화면이겠지만 말이다. 실내에서 반려견을 키우는 보호자들도 '슬개골 탈구'라는 무서운 단어를 언급하지 않더라도, 이제는 실내 바닥의 미끄러움이 반려견에게 얼마나 해로운 환경인지에 대해 너무나도 잘 알고 있다.

미끄럼에 대비하기 위해 실내 바닥에 매트를 깔아 놓는 것이 가장 일반적인 방법이라면, 여기서 한 걸음 더 나아간 것이 미끄럼 방지 코팅이다. 매트를 까는 방식은 비용이 저렴하고 간단하게 적용할 수 있어서 좋은 점이 있지만, 매트를 깔면서 생기는 불편함과 단점으로 인해 최근에는 미끄럼 방지 코팅을 하는 사례가 늘어나고 있다. 인터넷에서 검색해 보면 DIY로 할 수 있도록 만들어진 제품도 있고 〈그림3-14〉처럼 전문가가 직접 방문해서 시공을 해 주는 방식도 있다.

그림3-14 전문가가 직접 미끄럼 방지 코팅을 하고 있다

코팅은 매트를 깔아 주는 것에 비해 구석구석까지 할 수 있기 때문에 비거나 빠지는 곳이 없어서 개가 안심하고 실내 공간 어디든 마음 놓고 다닐 수 있다. 다만 방문 코팅의 경우 가격도 천차만별이고 성능이나 기능도 다양하기 때문에 코팅을 하기 원한다면 코팅의 핵심사항에 대해 미리 알아 둘 필요가 있다.

| 그림3-15 미끄럼 방지 코팅 시공 전후의 비교

(1) 논슬립 성능이 적절한가?

미끄럼 방지 코팅은 반려동물에게 '적정한' 논슬립 성능이 구현될 수 있어야 한다. 실내의 바닥환경에서 가장 중요한 것이 미끄럼을 줄이는 것인데, 무조건적인 미끄럼 방지는 오히려 반려견에게 해가 될 수 있고 이는 사람에게도 마찬가지다. 미끄럼 방지라고 하면 반려견이 달리다가 멈추려고 할 때 적정한 거리 내에서 멈출 수 있도록 만들어 주는 것이지 아예 안 미끄러지도록 하는 것은 아니다. 미끄럼 방지 기능이 과하면 〈그림 3-16〉처럼 오히려 발바닥이 까져서 부상을 당하는 상황이 발생할 수 있다. 미끄럽지 않은 정도를 나타내는 CSR값으로 따진다면 0.5~0.8 정도 사이의 값이 나오는 것이 적당하다.

적정한 논슬립이 구현된 바닥에서는 반려견이 충분히 즐겁게 움직이고 안전하게 움직일 수 있다. '건강한 실내 활동' 측면에서

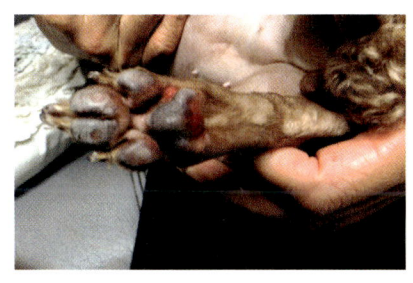

그림3-16 너무 안 미끄러지게 해도 바닥 마찰에 의해 발바닥이 까지는 경우가 있으니 주의해야 한다

보면 미끄럽지 않은 실내 바닥은 반려동물과 함께 생활하는 집의 필요충분조건이라 할 수 있겠다.

(2) 친환경 제품인가?

미끄럼 방지 코팅이 친환경 제품인지의 여부는 대단히 중요한 요소 중에 하나다. 체내에 영향을 줄 수 있는 VOCs(유기화합물)의 함유량이나 방사량이 실내 공기질 관리법에서 정하는 기준치 이하인지 여부를 확인해야 한다. 바닥난방을 하는 우리나라 난방방식의 특성상 평상시에는 문제가 없더라도 바닥 온도가 올라가게 되면 VOCs(유기화합물)의 방사량이 높아질 수 있다. 바닥난방이 거의 없는 해

구 분	실내 공기질 관리법
주관부처	환경부
적용대상	다중이용시설의 **실내** 또는 100 이상 500 미만 공동주택의 **실내**
VOC 관리	방출량
적용대상	TVOC : 2.5mg/m² · h 이하 톨루엔 : 0.08mg/m² · h 이하 폼알데하이드 : 0.02mg/m² · h 이하
시행기준	유통일자

표3-4 실내 공기질 관리법상 VOC 관리 기준

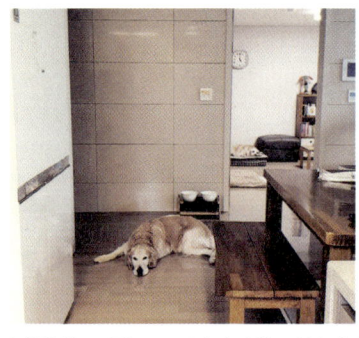

(왼쪽) 그림3-17 반려견은 피부가 얇고 약해서 바닥에 엎드려 있는 때가 많을수록 피부질환에 노출될 가능성이 높아진다
(오른쪽) 그림3-18 코팅의 장점 중 하나는 정전기가 발생하지 않아서 바닥에 먼지를 끌어모으지 않는다는 점이다. 끊임없이 바닥을 핥아 대는 반려견에게는 굉장한 장점이다(출처:셔터스톡)

외의 경우에는 코팅제의 성능이 우수하다고 하더라도 기준치 이하로 성분을 함유하거나 방사하는 제품인지 여부를 확인하는 것이 필요하다.

더욱이 반려동물은 바닥에 배를 깔고 엎드려 있거나 혀로 바닥을 핥는 경우가 많기 때문에 VOCs의 함유량이나 방사량이 높아지면 직접적으로 악영향을 받을 가능성이 높다. 공기 중의 VOCs가 반려동물의 체내로 흡입되면 상대적으로 사람보다 호흡량이 많은 반려동물로서는 피해가 더 크다. 코팅제 표면을 혀로 핥게 되면 직접적인 피부 접촉으로 인한 피해, 또한 피부 두께가 사람의 1/5밖에 되지 않아서 코팅 표면과의 (털로 덮여 있기는 하지만) 피부 접촉에 의한 피해까지도 생길 수 있다.

그림3-19 다양한 코팅 하자 – 미세한 가루 형태로 떨어져 나가는 경우 호흡기를 통해 체내로 유입될 가능성이 있다

(3) 부착력은 우수한가?

미끄럼 방지 코팅의 내구성을 좌우하는 것은 코팅의 부착력이다. 한번 코팅을 하게 되면 안정적으로 오랫동안 사용할 수 있어야 한다. 그러나 일부 제품들 부착력이 낮아서 얼마 지나지 않아 미세하게 가루 형태로 벗겨지거나 작은 좁쌀 크기로 떨어져 나가기도 한다.

청소를 주기적으로 잘한다고 하여도 청소기가 잘 닿지 않는 부위 등은 반려견이나 특히 반려묘의 좋은 아지트인 경우도 많아서, 미세먼지와 함께 반려동물의 건

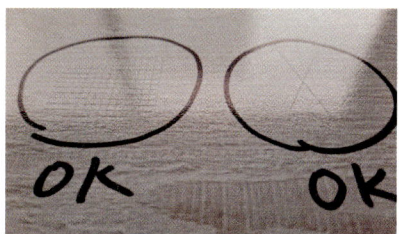

그림3-20 간단하게는 X-컷과 크로스 컷을 한 후 테이프를 붙였다 떼는 방식으로 부착력을 테스트해 볼 수 있다. 코팅이 벗겨지면 불합격

강을 위협할 수 있다. 그래서 부착력이 우수해야 한다는 의미는 내구성이 좋아야 한다는 점과 반려동물의 건강에 위해를 가하지 않아야 한다는 2가지 차원에서 중요한 요소다.

(4) 코팅 자체의 유연성은 있는가?

목재마루는 PVC 재질의 바닥재(일명 장판)와 달리 시공 시에 줄눈이 생기게 되는데 반려동물과 함께 생활하다 보면 이 줄눈으로 소변이나 토사물이 스며드는 경우가 있다. 보호자가 옆에 있다면 바로 조치하고 소취제 등을 뿌려 냄새 발생을 방지하는 노력을 취할 수 있지만 보호자가 없는 동안에 발생하는 경우도 흔하다. 보통 출근을 했다가 퇴근하기 전까지의 시간 동안 반려동물 혼자 있다가 상황이 발생하면 여러 시간에 걸쳐 소변이나 토사물이 줄눈 사이로 스며들게 된다.

그림3-21 시간이 지남에 따라 소변이 줄눈을 통해 스며들게 된다

한두 번 정도로는 드러나지 않지만, 배변판의 주변에 오랫동안 소변 침투가 반복되어 바닥재가 변색될 정도로 오염되는 경우도 있다. 바닥재의 변색이

그림3-22 코팅 자체의 유연성을 확인하기 위해서는 장판지 등에 코팅을 하고 그림처럼 테스트를 하기도 한다

생길 정도가 되면 냄새 유발 물질은 이미 바닥재의 하부에 제대로 자리를

잡아서 날이 따뜻해지거나 바닥난방을 할 때마다 냄새를 풍기게 된다.

건물은 평상시에도 미세하게 지속적으로 움직이고 있기 때문에 마루 바닥재의 줄눈 간격도 미세하게 움직인다. 코팅을 하더라도 이러한 줄눈의 움직임에 대응하면서 방수 성능을 100% 발휘할 수 없는 이유다. 다만 100%는 막아 주지 못하더라도 유연성을 갖춘 코팅제는 줄눈 사이로 스며드는 소변 등의 냄새 원인 물질의 침투를 상당 부분 막아 주는 역할을 한다. 미끄럼 방지 코팅의 제1 조건은 논슬립 성능이지만 실내 냄새를 완화시키는 유연성까지 함께 갖추고 있다면 금상첨화일 것이다.

그림3-23 유연성이 좋다고 해도 스며드는 것을 100% 차단할 수는 없다. 건물은 미세하지만 지속적으로 움직이고 있기 때문이다

위에 언급한 4가지 정도의 특성을 가지고 있는 미끄럼 방지 코팅을 시공한다면 반려견에게 안전하고 건강한 주거환경을 만들 수 있다. 기존의 미끄럼 방지 코팅이 단순히 미끄럼 방지 기능만을 가지고 있는 경우가 많기 때문에 반려동물에게는 안전하지 않거나 생각지 못한 부작용이 발생하기도 한다. 반려동물에게 중요한 것은 무엇보다도 안전이다.

꼭 알아 두기 8

반려동물 실내 냄새 발생 원인

반려동물로 인한 실내 냄새의 3대 원인 물질 – 암모니아, 메틸메르캅탄, 황화수소

실내에서 발생하는 반려동물의 냄새는 주로 대변, 소변, 토사물, 침흘림, 체취 등에 기인한다. 특히 소변은 바닥재에 스며드는 경우 냄새가 오래가고 위생상으로도 좋지 않은 영향을 미친다. 반려동물로 인해 발생하는 냄새의 원인 물질은 암모니아, 메틸메르캅탄, 황화수소의 3가지로 대변할 수 있다.

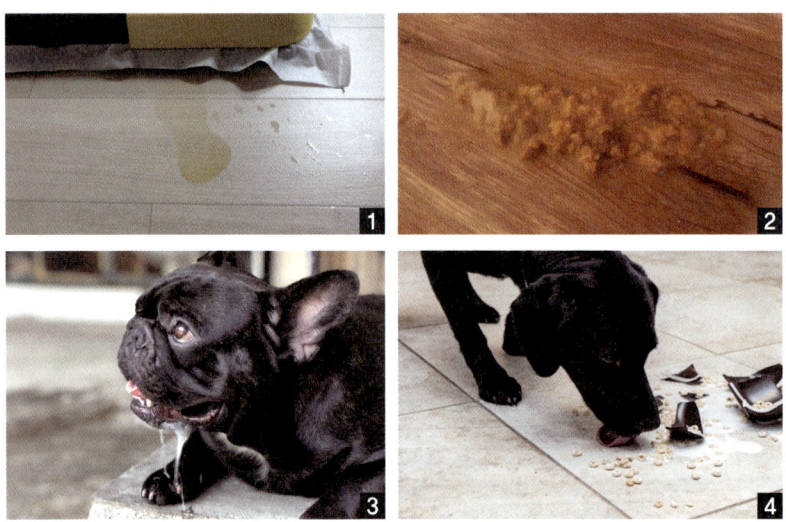

| 실내에서 발생하는 반려동물 냄새의 원인은 다양하다(2,3,4번 출처:셔터스톡)

매트 사이나 배변판 주변으로 스며든 소변으로 인한 냄새가 가장 심각하다

보호자가 발견하는 즉시 원인물을 제거하고 소취제 등으로 후속 조치를 하는 것이 제일 좋은 방법이다. 요즘은 원인 물질을 분해하는 기능을 갖춘 소취제도 판매되고 있지만 시간이 지난 후에 사용하게 되면 원인 물질을 제거하는 것이 더 힘들어진다. 오염원이 바닥재에 스며드는 경우 보일러를 가동하거나 날씨가 습할 때는 냄새가 심하게 올라오기도 한다.

평소 소취제 사용, 냄새 제거기 가동, 환기시스템 활용을 통해 실내 냄새를 줄이는 방법도 중요하지만, 더 중요한 것은 실내에 냄새 원인 물질이 침투하지 못하도록 하는 것이다. 특히나 바닥 관리에 만전을 기해야 한다. 바닥 매트 활용, 코팅을 통한 침투 방지 등은 그래서 중요하다.

매트류를 사용하는 경우에는 일정 기간을 두고 한 번씩 들어내고 바닥에 통풍이 되도록 해 주어야 한다. 매트를 오랫동안 그냥 깔아 두기만 하면 통풍이 되질 않아서 바닥이 위의 그림처럼 습기에 의해 변색되거나 썩을 수 있다.

5. 신축? 리모델링? 그럼 이 제품을 사용해 보자

리모델링이나 신축 시에는 바닥재를 새롭게 시공해야 하는데 이전에 많이 써 오던 기존 제품과 달리 반려견에게 특화된 제품을 써 보자. 반려견과 생활하는 주거환경에 적합한 제품이 최근에 출시되고 있지만 어느 정도라도 효과가 확인된 제품은 많지 않다.

(1) 논슬립 마루

논슬립 마루는 기존의 강마루와 물성은 같고 표면에 물리적 방식으로 논슬립 기능을 입힌 제품인데 표면은 〈그림 3-24〉처럼 벌집 모양으로 만들어져 있다. 반려동물의 미끄럼 방지에는 특화된 기능을 발휘하지만 제품 자체의 장단점을 확인해 보고 적용 여부를 판단하자.

 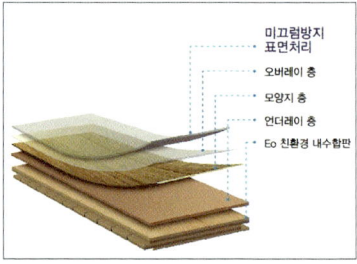

| **(왼쪽) 그림3-24** 바닥재의 표면을 물리적으로 논슬립 처리한 제품
| **(오른쪽) 그림3-25** 목재 바닥재의 단층 구조(출처:모던우드)

① 장점
- 논슬립 기능을 통해 반려동물(뿐만 아니라 사람)의 미끄럼 사고를 예방한다.
- 논슬립 기능이 반영구적으로 작동한다.

그림3-26 논슬립 마루가 시공된 모습

- 기존 강마루 제품에 비해서도 가격의 차이가 크지 않다. (20% 정도 고가)

② 단점
- 마루 사이의 줄눈으로 물기가 스며들 가능성이 있다.
  (단순히 미끄럼 방지에 초점을 맞춘 경우라면 사용해도 무방)
- 먼지나 오염물의 부착이 생겨 청소에 소요되는 시간이 길어진다.
  (로봇 청소기를 기준으로 청소 시간이 2배 정도 소요)
- 기존 제품에 비해 디자인 등 선택의 폭이 좁다.

(2) 가죽 마루

가죽 마루는 기존 목재 마루의 표면에 약 1mm 두께의 인조가죽을 덧대어 마감을 한 제품이다. 〈그림3-27〉에서 보는 바와 같이 기존 강마루와 똑같은 방식으로 만들어지는데, 표면 마감이 인조가죽이라는 점만 다르다.

① 장점
- 논슬립 기능이 우수하다.

- 차음 효과가 뛰어나서 층간소음에 유리하다.
- 인조가죽 표면으로 물기가 스며들지 않는다.
- 반영구적이다.

② 단점
- 가격이 고가다.
- 햇빛이 닿는 부분은 변색의 우려가 있다.
- 줄눈으로 물기가 스며들 수 있다.
- 디자인 선택이 제한적이다.

그림3-27 가죽 마루의 단면

그림3-28 가죽 마루가 시공된 주택의 내부 모습(출처:아키라인디자인 솔루션)

그림3-29 배변에 대한 저항성, 내오염성도 뛰어나다(출처:아키라인디자인 솔루션)

그림3-30 줄눈의 미세한 벌어짐은 기존 목재 마루보다는 덜한 편이다

그림3-31 선택 가능한 인조가죽 디자인의 종류

6. 강화마루, 쿠션 장판, LVT는 어때요?

목재 바닥 중 가장 많이 사용되고 있는 제품이 강마루이고, 다음이 강화마루다. 강화마루는 강마루와 표면 마감이 다르고 시공 방식이 다르다. 강화마루와 강마루는 건축 마감재로서 장단점이 있지만, 펫인테리어 입장에서만 본다면 신축이나 리모델링 시에 적용하지 않는 것을 권한다. 모든 것을 다 떠나서 강화마루의 단점 중 하나가 온도에 따른 수축 팽창이 생긴다는 것인데, 이로 인한 줄눈 간의 벌어지는 정도가 상당히 크다고 할 수 있다. 일반 건축공사에서는 필요에 따라 강화마루를 쓰기도 하지만 개를 키우는 입장에서는 줄눈 간의 벌어짐은 대단히 큰 단점이다.

강화마루는 시공할 때 접착시공을 하는 강마루와 달리 조립시공을 하게 되는데 이때 바닥과 접착이 이루어지지 않아서 바닥과 강화마루 사이에 간극이 생긴다. 반려견이 배변 실수를 하거나 배변판 주위로 소변이 떨어지는 경우 벌어진 줄눈으로 스며들게 되면 물기가 그대로 바닥재 하부에 고이게 되고 잘 빠지지도 않는다. 물기는 목재 하부로부터 스며들고 지속적으로 냄새를 축적하다가 나중에는 마루 표면까지 변색

그림3-32 수축으로 인해 강화마루의 간격이 벌어진 모습

그림3-33 소변이 스며들지 않는 점은 장판의 장점이다

시키게 된다.

　쿠션 장판은 기존 장판보다 고급화하고 두께도 두껍게 만든 제품을 말한다. 소리O 등의 이름으로 판매되고 있는데 목재 마루에 비해서는 쿠션감도 있고 층간소음에도 효과를 발휘하는 제품이다. 연결부가 웰딩처리되기 때문에 반려견의 소변 등으로 인한 습기 침투에도 강한 점 등은 장점이라 할 수 있다.

　다만 미끄럼 방지나 완화의 목적으로 시공하는 경우라면 기대감을 크게 가지지 않는 것이 좋다. 목재 마루 바닥재와 비교했을 때보다는 덜 미끄러운 정도라서 제대로 효과를 보기는 어렵기 때문이다. 어느 보호자는 마루 바닥이 미끄러워서 마루 위에 쿠션 장판을 추가로 시공했지만 얼마 지나지 않아서 그 위에 다시 강아지용 매트류를 깔고 생활해야만 했다. 사람은 목재 마루에 비해서 쿠션 마루가 미끄럼이 덜한 것을 느끼고 효과도 보지만, 발바닥 면적이 작은 개에게는 그 차이가 크게 느껴지지 않고 실질적으로 효과도 크지 않다는 점을 생각하지 못했던 것이다.

　요즘에는 실내에 LVT(Luxury Vynil Tile)를 시공하는 사례도 있다.

그림3-34 LVT가 시공된 반려견 관련 상업시설

주로 상업공간에 적용되던 제품인데 일정 부분 논슬립 기능도 있고 줄눈이 거의 드러나지 않을 정도의 수축 팽창이 적다는 점, 레이저 가공을 통한 다양한 디자인이나 패턴의 구현이 가능하다는 점 등이 어필되고 있다. 반려견 관련 시설 등에 적용하면 효과적으로 사용할 수 있는 장점을 갖춘 제품이라 할 수 있겠다.

7. 바닥재가 타일이나 대리석인 경우

　리모델링이나 신축 시에 본인의 집 내부 마감을 고급 타일이나 대리석 등을 적용한 경우, 목재 마루나 PVC 장판과는 다른 분위기 연출은 가능하나 반려동물과 함께 생활하는 데 불리한 측면이 있다. 반려동물과 거주하는 것을 전제로 신축이나 리모델링을 한다면 타일이나 대리석 등의 마감재의 특징에 대해 확인한 후에 결정을 해야 한다. 그렇지 않으면 애써서 비용을 들여 마감해 놓았는데 매트 등으로 온 바닥을 다 덮어야 하는 상황이 발생할 수도 있기 때문이다.

　바닥 마감이 타일이나 대리석일 경우 사람에게 미치는 영향이 목재 바닥과는 다를 수밖에 없는데 반려동물에게 미치는 영향은 더 다를 수밖에 없다. 이로 인한 영향이 어떠한지를 알기 위해서는 타일이나 대리석의 장단점에 대해 이해하는 것이 필요하다.

| **그림3-35** 타일이나 대리석 바닥 마감은 반려견에게 불리한 점이 더 많다

(1) 물성이 목재나 PVC 장판보다 강하다

반려동물이 실내에서 생활하면서 의외로 많이 미끄러지고 넘어진다. 넘어져서 바닥에 부딪히는 사고가 발생할 때 목재 마루나 장판이 아닌 (사람은 머리 무게가 4.5~5.5kg으로 체중의 약 7~8%에 해당하지만) 충격의 완화나 흡수가 전혀 되지 않는 경질의 바닥에 부딪히게 되면 고통의 크기나 악영향은 더 클 수밖에 없다. 또한 면 자체가 더 잘 미끄러진다. 표면의 미끄럼 정도가 더 높기 때문이다. 더 큰 문제는 바닥의 미끄럼으로 반려견이 부딪히는 사고를 당하더라도 보호자는 잘 모른다는 점이다.

개중에는 논슬립 타일이라 해서 타일 면이 거친 면 처리된 제품이 있기는 한데, 이 타일도 6개월이 지나기 전에 다른 타일과 크게 다르지 않는 정도의 미끄럼 상태를 유지하게 된다. 반려동물의 몸에서 떨어지는 피지(유분기)가 청소 시에 충분히 제거되지 않고 거친 면의 타일에 달라붙어서 타일의 논슬립 기능을 방해하기 때문이다. 바닥을 타일로 리모델링한 후에 또다시 그 위에 매트 등을 깔고 생활하는 보호자가 많은 이유가 논슬립 타일의 기능 상실의 영향이다.

(2) 줄눈

타일이나 대리석을 시공하게 되면 줄눈이 생기게 되고 줄눈에 시멘트를 이겨서 메우는데, 이 줄눈의 시멘트가 문제가 된다. 시멘트는 소변에 약해서 반려동물의 소변이 줄눈에 모이게 되면 시멘트가 이를 흡수하게 된다.

반려견을 화장실에서 배변하도록 훈련시킨 경우, 화장실의 줄눈 부위

| 그림3-36 타일, 대리석의 줄눈으로 쉽게 소변이 스며든다(오른쪽 출처:셔터스톡)

가 노랗게 물든 경험을 한 보호자가 많을 것이다. 화장실에 별도로 배변판을 설치한 경우에도 마찬가지인데, 소변을 배변판에 100% 조준하지 못하기 때문에 당초에 하얗던 줄눈이 노랗게 물들게 되는 것이다. 이로 인해 냄새 원인 물질은 더 깊숙이 스며들어 지속적으로 냄새를 유발하고 위생상으로도 좋지 않은 환경을 만든다. 또한 줄눈이 소변에 의한 테러(?)를

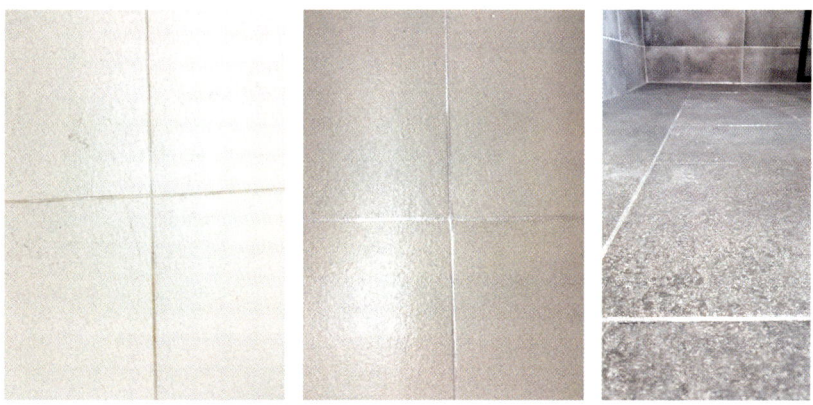

| 그림3-37 백시멘트로 시공된 줄눈을 걷어 내고 폴리머 재질로 교체 시공한 모습. 요즘은 셀프시공 제품도 많이 판매되고 있다

| 그림3-38 시멘트 줄눈이 빠져나간 부분의 모습

당하게 되면 더 쉽게 부스러지게 되어 구멍이 생기게 된다. 구멍이 생기면 당연히 소변이 더 잘 스며들게 되고 그만큼 냄새나 위생상 문제도 커지게 된다.

여기서 더 심각한 것은 부스러진 시멘트 가루를 반려동물이 먹을 수도 있다는 점이다. 시멘트 자체는 줄눈으로 존재할 때는 체내로 유입될 가능성이 적지만 여러 이유로 인해 줄눈이 부스러져 떨어져 나오게 되면 위험한 물질이 된다. 체내로 들어오게 되면 건강상에 여러 장애를 일으키거나 피해를 줄 수 있다.

(3) 표면 오염

밀도가 낮은 대리석은 표면이 소변이나 토사물에 의해 오염될 가능성이 높다. 백화점처럼 매일같이 대리석 표면을 광택제를 바르면서 관리를 해도 커피를 쏟게 되면 서서히 스며들게 된다. 다만, 관리자가 상주하고 있어서 쏟은 커피를 바로 닦아 내기 때문에 오염사고를 막을 수 있을 뿐이다.

그림3-39 대리석이나 화강석은 흡수율이 높아서 오염물질이 쉽게 스며든다

일반 가정집에서는 대리석 관리가 백화점처럼 되지도 않고 집을 비우는 시간도 많기 때문에 소변이나 토사물이 생기면 대리석에 스며들 가능성이 그만큼 높아진다. 실제로 반려견의 소변으로 대리석이 오염된 사례는 심심치 않게 찾아볼 수 있다. 건물의 홀이나 복도 등에 시공되는 화강석은 대부분 대리석보다 밀도나 강도가 더 강하지만 반려견의 소변이 그대로 스며들어서 색상도 변하고 또 제거하고 싶어도 불가능한 사례도 많다.

이런 여러 가지 상황을 고려했음에도 타일이나 대리석을 바닥재로 시공한다면 이의를 제기하고 싶은 마음은 없다. 굳이 반려동물 공생주택이라는 의미를 찾지는 않더라도 반려동물 보호자라면 반려동물이 생활하는 데 필요한 최소한의 안전 환경을 만들어 주기를 바란다.

꼭 알아 두기 9

실외에서 반려견을 키우는 경우 유의사항

실외에서 키우는 경우는 대부분 경비견으로서의 역할에 더 큰 의미를 두다 보니 고정된 장소에 지속적으로 붙박이가 되는 사례가 많다. 또한 실외견은 중형견 이상인 경우가 많아서 스트레스 해소를 위한 최소한의 운동이 필요하다. 하지만 하루에 몇 번 정도 펜스 내부 공간을 돌아다니는 정도거나 목줄의 길이만큼만 운동할 수 있는 환경에 놓여 있다.

이런 열악한 환경의 실외견은 사실상 반려견으로서, 가족으로서의 대우를 받고 있다고 생각하기는 어렵다. 반려견이라고 한다면 최소한 갖춰야 할 환경이 있다고 생각한다. 혹여, 낮에만 실외에 있고 밤에는 실내로 들어와서 잠을 자는 경우라 하더라도 실외에 있는 동안 필요한 최소 환경에는 변함이 없다. 실외에서 생활하는 반려견에게 필요한 환경 조건은 무엇인지 확인해 보자.

1. 직사광선과 비를 피할 수 있는 공간

자연 속을 휘저으면 다닐 때는 비가 오면 비를 피하고 태양이 강하면 태양을 피해 안전한 공간을 찾았지만, 보호자의 관리하에 있게 되면 선택권이 없어진다. 보호자가 직접 신경을 써 주어야 한다. 그렇다면 실외견은 어떨까? 실외견의 거처는 서쪽이나 북쪽은 피해야 한다. 한여름 늦은 시간의 강렬한 태양을 피하고 한겨울 추위와 바람이 목줄에 묶인 반려견에게는 고문이나 마찬가지다.

차양을 만들어 하우스 안으로 들어오는 빛을 막아 주는 것이 좋다(출처:셔터스톡)

2. 안심할 수 있는 거처

개도 자신의 안위를 걱정하고 위험한 상황은 피하고 싶어 하는 본능이 작동한다. 그러므로 안전을 담보할 수 있는 거처로서의 공간을 만들어 주는 것이 필요하다. 가능하다면 공간(하우스) 내부에 에어컨을 설치하는 것까지도 검토할 필요가 있다. 국내에서 양육되고 있는 많은 반려견 중 더위에 약한 추운 지방 출신 품종이 차지하는 비중이 높고 모피 외투와 같은 털을 갖춘 그들에게 한여름의 더위는 이겨 내기 힘든 고통스러운 환경이기 때문이다.

더위에 약한 개를 위해 에어컨의 설치도 고려해 보자

꼭 알아 두기 9

3. 충분한 운동 여건

목줄에만 묶여 있는 반려견에게 스트레스가 쌓이고 운동 부족에 따른 부작용이 발생하는 것은 당연하다. 충분한 산책이나 운동을 시켜 주는 것이 제일 좋겠지만 정해진 시간에 지속적으로 관리해 주기 어렵다면 평상시 반려견의 활동 반경을 넓혀 주는 방법이 있다. 아래 그림과 같은 '도그러너'를 설치해 주는 것이다. 긴 와이어를 고정하고 묶줄을 와이어에 걸어 주면, 반려견이 원할 때 정해진 부지 내에서 최대한 움직일 수 있게 된다. 그만큼 운동량을 확보할 수 있고 경비견으로서 감시 영역도 넓어지는 일석이조의 효과도 생긴다.

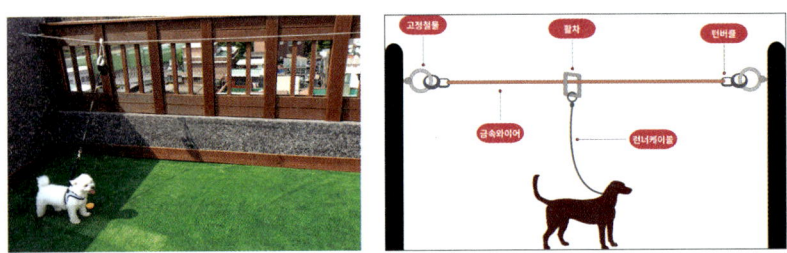

| 실외 양육뿐 아니라 도그런에도 와이어(도그러너)를 설치하면 효과를 볼 수 있다

8. 가구도 반려견 친화적인 가구를 사용하자

침대는 반려인과 반려동물의 소통의 공간일지도 모른다. 과학자들이나 수의학계에 있는 전문가들은 반려동물과 잠자리를 함께하는 것은 서로에게 편안한 잠자리를 만드는 데 방해가 된다고 주장한다. 그럼에도 많은 보호자들이 여전히 반려동물 특히 반려견과 한 침대에서 함께 잠을 자고 있다. 또한 소파나

그림3-40 반려견과 함께 자면 행복한 심리적 효과가 있다(출처:셔터스톡)

주방 싱크대도 반려견과 떼려야 뗄 수 없는 가구다. 여기서는 대표적인 가구인 침대, 소파, 싱크대에 대해 알아보고자 한다.

반려견이 침대에서 뛰어내리거나 오르는 것을 방지하기 위해 스텝이나 슬로프를 설치하는 경우가 많은데 반려견의 안전을 생각한다면 침대를 새로 구입할 때 저상형 침대를 설치해 보자. 침대 옆에 계단이나 슬로프를 설치하면 안전할 수 있으나 공간을 많이 차지한다. 특히 원룸 같은

(왼쪽) 그림3-41 저상형 침대는 반려견의 관절에 가해지는 부담을 줄일 수 있다
(오른쪽) 그림3-42 가드 부착형 저상형 침대(출처:에이스침대)

좁은 공간에서는 저상형 침대를 설치함으로써 반려동물이 뛰어오르거나 내릴 때 관절에 가해지는 부담을 현저히 줄일 수 있다.

소파도 마찬가지다. 침대처럼 일반적인 소파 역시 반려동물에게는 안전하지 않기 때문에 저상형 소파를 설치하는 것을 고려해 보자. 침대가 아니라면 반려동물에게 가장 친숙한 것이 소파가 아닐까 싶다. 소파의 높이로 인해 관절 질환이나 안전에 문제가 생기지 않도록 높이를 낮추면 모두가 건강하게 생활할 수 있다.

그림3-43 저상형 소파라도 다리가 짧거나 어린 강아지에게는 경사로를 설치해 줄 필요가 있다

개나 고양이는 거울로 반사된 자신의 모습을 자신이라고 인식하지 못한다. 시력이 나쁘다 보니 상대에 대한 정보를 후각이나 청각으로 취득해야 하는데 거울에 비친 자신에 대해서는 귀나 코로 어떠한 정보도 얻지 못해서 자신이라고 인식을 못하는 것이다. 이 때문에 거울 속의 자신을 보고 놀라거나 짖어 대는 경우도 있다.

그래서 전신거울이 있는 경우에는 반려동물이 보지 못하도록 덮어 두는

그림3-44 거울에 비친 자신의 모습에 놀라는 경우가 많다

보호자도 있다. 이와 마찬가지로 가구의 마감 상태에 따라 비슷한 모습을 보이기도 하는데 대표적인 것이 바로 싱크대 하부장의 마감이다. 반사

가 심한 마감은 반려동물에게 거울처럼 느껴질 수 있기 때문에 싱크대 하부장 같은 가구의 마감은 〈그림3-45〉처럼 반사가 극히 적거나 아예 없는 마감을 적용할 것을 권한다.

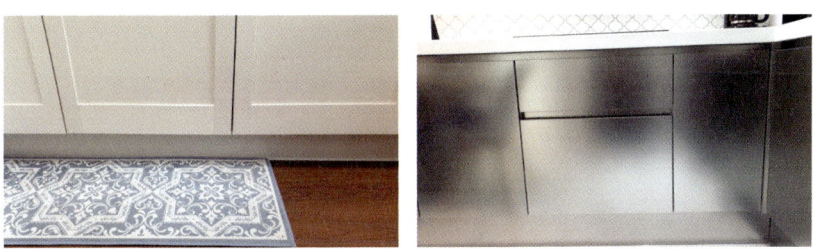

그림3-45 유광(또는 반광) 마감된 가구에 반사된 자신의 모습에 놀라지 않도록 무광 마감을 한다

개나 고양이들 중에는 일정 시간이 지나면 반사되는 자신의 모습을 인식하고 더 이상 놀라거나 두려워하지 않지만 지속적으로 무서워하는 반려동물이 있을 수도 있다. 이때는 무광 무늬목 필름을 붙여서 사용하는 것도 한 가지 방법이다.

꼭 알아 두기 10

반려견과 함께 잠을 잘 때 수면의 질

* MAYO CLINIC PROCEEDINGS 2017년 9월 1일 발표 학술자료

• 제목
 가정 수면 환경에서 개가 인간의 수면에 미치는 영향
 The Effect of Dogs on Human Sleep in the Home Sleep Environment

• 연구 참여자
 Salma I. Patel, MD, MPH 외 5명

• 연구과정
 1. 기간 : 2015년 8월 1일 ~ 2015년 12월 31일
 2. 참가자 : 건강한 성인 40명(여성 35명, 남성 5명)과 그들의 반려견
 3. 데이터
 ① 평균 연령 : 30~58세(평균 44세)
 ② 체질량지수 : 19 ~31 (평균 25)
 ③ 개의 나이 : 2~8세(평균 5세)
 ④ 체중 : 2kg ~ 28kg(평균 15kg)

4. 연구 내용 : 참가자와 반려견이 한 방에서 함께 잠을 잘 경우 수면 효율, 개와 참가자에게 동작 추적 장치를 부착하여 효율성 분석

- **연구결과**
    1. 한 방에서 잠을 잘 경우 수면의 질은 83% 유지
    2. 한 침대에서 함께 잠을 잘 경우 수면의 질은 80%
    3. 침대에서 함께 잠을 잘 경우 약 3% 정도의 수면의 질 저하
    4. 일반적으로 수면의 질이 80% 이상일 경우 만족스러운 것으로 판단

연구결과에서 보듯이 수면의 질은 80%로써 만족스러운 수면을 취하는 것으로 나타났다. 앞으로는 반려견과 함께 침대에서 잠을 자는 것에 대한 논란에 종지부를 찍는 것이 좋겠다. 또한 함께 잠을 자는 반려견에게 나타날 수 있다고 그간에 걱정했던 분리불안 등에 대해서도 그다지 걱정하지 않아도 된다는 것이 설채현 수의사의 의견이다. 다만 작은 반려견 같은 경우에는 잠을 자다가 보호자의 뒤척임에 의해 깔리는 사고가 발생할 우려가 있으니 주의해야 한다.

* MAYO CLINIC 미국 미네소타주 로체스터에 위치, 2016~2019년 4년 연속 미국의료기관 평가 1위의 미국 최고의 병원.

9. 너와 내가 모두 편한 아이템 - 리드후크(Lead Hook)

리드후크(Lead Hook)는 반려견의 목줄을 걸어 두도록 만들어진 제품이다. 〈그림3-46〉과 같은 제품이 일반적인 형태고 〈그림3-47〉처럼 안전성을 강화하여 디자인된 제품도 있다.

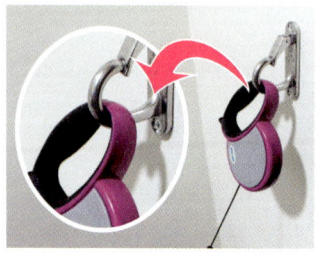 

(왼쪽) 그림3-46 리드후크는 견고하게 시공이 가능한 제품이어야 한다
(오른쪽) 그림3-47 리드후크 전면을 누르면 후크가 돌출되는 타입의 제품(출처:피카 코퍼레이션)

(1) 현관 설치

리드후크 설치는 간편하면서도 유용성이 상당히 높은 제품이어서 실내외를 막론하고 많은 곳에 적용이 가능하다. 그중에 제일 많이 사용되고 있는 곳이 바로 현관이다.

현관 앞에서 한 손에는 물건을 들고 목줄을 함께 잡고 있어서 현관문을 열 수 없을 경우, 목줄을 리드후크에 걸어 두고 문을 열면 편리하다. 산책을 하려고 문 밖까지 나왔는데 다시 들어가야 하는 경우에도 리드후크를 사용해 보자.

그림3-48 현관에 설치된 리드후크

(2) 실내 설치

실내에 리드후크를 설치하는 것도 유용하다. 손님이 오거나 어떠한 이유로든 반려견의 행동반경을 제한해야 하는 경우가 있을 때 방에다 넣어 두고 문을 닫으면 보호자도 반려견도 불편할 수 있다. 이때에는 반려견에게 목줄을 채워 리드후크에 적당한 거리가 유지되도록 걸어 두면 반려견의 상태를 확인하면서 일을 할 수 있기 때문에 안심이 된다. 반려견 2마리가 순간적으로 싸우거나 서로에 대해 감정이 좋지 않은 타이밍에도 적용하면 혼자서도 충분히 제어가 가능하다.

| 그림3-49 실내 벽체와 현관에 리드후크가 설치된 모습

| 그림3-50 애견카페 카운터나 필요한 위치에 설치해 두면 유용하다

(3) 반려견 관련 시설 설치

반려견 카페나 훈련소에서도 유용하다. 일반 가정보다는 많은 반려견이 활동하는 공간에서는 경우에 따라 반려견 간의 거리를 떼어 놓거나 분리해야 하는 경우가 자주 발생한다. 이때 리드후크가 아주 유용하다. 그뿐만 아니라 카페를 찾은 보호자 입장에서도 잠시 동안 안심할 수 있다.

(4) 카운터 설치

펫 프렌들리 호텔의 카운터나 안내 데스크 등에 설치하면 방문자가 안전하고 편리하게 체크인이나 체크아웃 할 수 있다.

| **그림3-51** 접수처에 리드후크를 설치하면 체크인, 체크아웃이 편리하다

(5) 실외 설치

실외 설치는 도그런, 세족시설, 음식점의 야외공간 등에서 적용이 가능하다. 도그런은 반려견이 마음껏 뛰어놀 수 있는 장소지만 제어가 필요할 때도 있다. 도그런은 보호자들만 모여 있는 경우가 많고 혼자서 2~3마리씩 데리고 오는 경우도 있다. 리드후크는 다른 개와의 접촉이나 여러

그림3-52 펫 프렌들리 레스토랑이 점점 증가하고 있고 반려견 동반 방문 또한 늘어나고 있다

마리를 한번에 제어할 수 없는 경우 유효적절하게 사용할 수 있는 제어 수단이다.

　세족시설은 운동이나 산책을 마치고 돌아오게 되면 건물에 들어서기 전에 발을 씻거나 간단한 정리를 하고 들어갈 수 있게 만들어진 시설이다. 그래서 세족시설에는 리드후크가 기본적으로 필요하다. 리드후크에 걸어 두면 양손을 자유롭게 사용할 수 있어 안전하고 편리하다.

　요즘에는 반려견의 입장을 허용하는 건물도 늘어나고 있는데, 반려견의 동선에 리드후크를 설치해 두면 갑작스러운 반려견의 움직임으로 인

그림3-53 리드후크가 있더라도 반려견의 기본 교육은 무엇보다 중요하다

한 문제를 줄일 수 있다. 훈련이 잘된 반려견이라도 음식점에서 자극적인 냄새로 인해 보호자의 테이블로 달려든다든지, 다른 테이블로 달려들 우려가 있기 때문에 이러한 문제를 미연에 방지하기 위해서라도 음식점 곳곳에 리드후크를 설치해 두는 것이 좋다.

| 그림3-54 세족시설에 부착된 리드후크

그림3-55 리드후크가 설치된 레스토랑 모습

10. 초인등으로 반려견의 스트레스 확! 낮춰 보자

실내견이 짖게 되는 가장 큰 원인 중에 하나가 바로 초인종이다. 초인종 소리가 나면 계속 짖어 댄다. 보호자가 있을 때는 진정을 시키거나 대응을 할 수 있지만, 반려견만 있을 경우에는 '층견소음'의 원인이 된다. 또한 반려견에게는 초인종으로 인한 스트레스가 계속 쌓인다. 최근에는 층견소음으로 인한

그림3-56 포스트맨 신드롬에 따른 반려견의 짖음은 보호자로서는 상당히 부담스러운 부분이다

문제가 이슈화되면서 유튜브 등에서 초인종 소리에 짖어 대는 반려견을 교육하는 방법 등을 알려 주고 있지만 지속적으로 효과를 보지 못하는 경우가 많은 듯하다. 그렇다면 민원과 스트레스를 줄이는 초인등에 대해 알아보자.

초인등은 초인종과 달리 외부에서 버튼을 누르면 소리 대신 불빛이 깜박이게 만들어진 시스템이다. 신기하게도 초인등이 설치되면 반려견의 짖음이 줄어들고 그만큼 '층견소음'으로 인한 민원이 줄어든다. 이제는 외

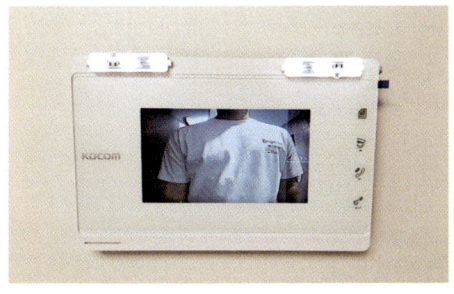

그림3-57 불빛이 깜박이는 방식은 반려견에게 스트레스를 유발하지 않는다

부에 초인종을 누르지 말아 달라는 간곡한 '당부 말씀'을 붙여 놓지 않아도 된다.

초인등 시스템을 만드는 방법은 몇 가지가 있다. 반려견의 스트레스도 줄이고 층견소음으로 인한 민원도 줄여 보자.

(1) 초인종을 초인등으로 전환

이미 초인종이 설치되어 있는 경우가 거의 대부분이기 때문에 기존 주택에서 초인종을 초인등으로 전환하는 것이 필요하다. 〈그림3-58〉에서처럼 기존의 초인종 본체에 LED 라인 램프를 추가로 덧대어 설치하게 되면 초인종을 초인등으로 바꿀 수 있다. 소리를 제어할 수 있어서 집에 사람이 없을 경우에는 소리를 무음으로 조절하면 빛만 깜박이게 된다. 물론 집에 사람이 있을 경우 무음을 해제하면 벨소리와 빛이 함께 작동하기 때문에 사용하는 데 전혀 지장이 없다.

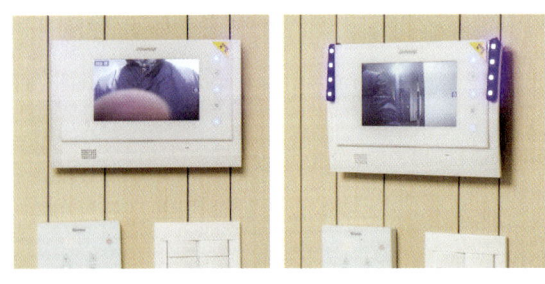

그림3-58 기존 초인종에 LED 등을 추가로 설치해서 초인등으로 운영이 가능하다

(2) 초인등 설치

초인등을 처음부터 설치하고자 하는 경우라면 아직까지는 해외에서

구입하는 방법밖에 없다. 필자가 직접 개발에 대한 제안을 했음에도 국내 다수의 인터폰 제작 업체에서는 아직까지 초인등 개발에 대한 계획이 없다. 원리는 너무나도 단순하고 제작 원가도 그리 늘어나지 않음에도 불구하고 말이다. 최근에 H 업체에서 자사의 아파트에 기본 옵션으로 적용하기 위해 개발 중이라는 낭보가 있어서 조만간 국내 제품을 설치할 수 있게 될 것으로 보인다. 하지만 아직까지는 초인등이 필요한 경우에 해외 사이트를 통해 구입하여 설치해야 한다.

(3) 무선 초인등 설치

무선 초인등은 청각 장애우를 위해 개발된 것으로 빛이 깜박이도록 만들어진 제품이다. 일반주택뿐만 아니라 유선으로 설치하기 어려운 주택에서 무선 초인등을 설치한 경우도 있다. 무선 초인등은 빛을 발신하는 발신기를 한 곳 이상의 장소에 설치하여 집 안 어디에서라도 현관에 손님이 왔음을 인식할 수 있다는 장점이 있다. 초인등이 메인 기능이기는 하지만 소리 알람 기능이 갖춰진 제품도 있다.

그림3-59 무선 초인등은 선이 없으므로 설치가 용이하고 필요한 곳에 여러 대를 설치해서 편의성을 높일 수 있다

꼭 알아 두기 11

소리가 개에게 미치는 영향

　노르웨이 오슬로에 위치한 노르웨이 생명과학 대학의 수의학과 및 생명과학부의 2명의 연구원(Linn Mari Storengen, Frode Lingaas)이 2015년 5월 과학저널 『Applied Animal Behavior Science』에 발표한 논문에 보면 소리와 개의 관계에 대한 구체적인 결과를 알 수 있다.
　두 사람은 17개 품종 5,257마리를 대상으로 4가지의 소리를 들려주고 개가 느끼는 두려움의 정도를 실험에 참여한 반려견의 보호자를 통해 1~5단계로 표시하도록 했다.

　　소리의 종류: ① 불꽃놀이 시 나는 소리　② 시끄러운 소리(총소리 등)
　　　　　　　　③ 천둥 소리　④ 교통 체증 소리

　이 연구를 통해 얻은 결과는 다음과 같다.
1. 전체 실험 개 중 23%가 소음에 두려움을 느낀다.
2. 폭죽 소리에 제일 반응이 없는 견종 : 포인터, 그레이트 데인, 복서
3. 암컷이 수컷보다 소음에 대한 두려움이 30% 더 크다.
4. 중성화된 개는 중성화하지 않은 개에 비해 소음을 두려워할 확률이 72% 더 높다.
5. 시끄러운 소리를 두려워하는 개는 분리불안을 보일 확률이 3배 더 높다.
6. 소음에 민감한 개는 새로운 환경에서 두려움의 징후를 보일 가능성이 19배 더 높다.

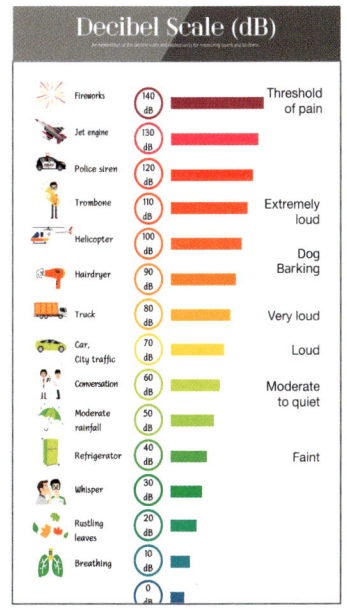

불꽃놀이에 의한 소음은 140dB에 달한다

7. 소음에 민감한 개는 스트레스를 받은 후 진정 시까지 4배 더 많은 시간이 소요된다.
8. 강아지보다 노령견이 소음에 더 민감할 가능성이 높고, 두려움을 보일 가능성이 매년 3.4%씩 증가한다.

일상적이지 않은 소음도 반려견이 '백색소음'으로 간주하거나 느낄 수 있도록 경험을 시켜 주는 것이 중요하다. 야외활동을 할 때 시간대를 달리하고 활동 지역도 변화를 주면서 평소에 들을 수 있는 소리를 다양하게 들려줄 필요가 있다.

11. 반려견의 안전은 내가 지킨다

실내에서 반려견이 부상을 입는 경우도 있고 집을 벗어나는 상황도 발생하고 몸 안에 악영향이 축적되는 환경에 지속적으로 노출되기도 한다. 집 안에서 발생하기 쉬운 반려견의 안전과 건강을 해치는 위험 요소에 대해 인테리어를 통해 어떻게 대응해야 할지 생각해 보자.

(1) 거실과 현관

안전문은 말 그대로 반려견의 안전을 지키기 위해 설치하는 문으로, 통상 출입을 제한하기 위한 목적으로 사용되는 문을 말한다. 안전문을 설치하는 곳은 거의 정해져 있긴 하지만 실내 상황에 따라 위치를 결정하고 반려견의 크기나 마릿수 등을 고려하여 설치 제품

그림3-60 복도 중간에 안전문을 설치한 사례

이나 설치 방식, 구조 등에 대한 검토가 필요하다. 우선 가장 많이 설치하

그림3-61 안전문은 각자의 상황에 맞춰 안전성을 확보할 수 있도록 설치한다

는 장소가 현관문이나 현관으로 통하는 복도다. 현관을 통하면 외부로 벗어날 수 있기 때문에 특히나 안전시설에 신경을 써야 하는 위치다.

(2) 계단과 주방

2층으로 올라가는 계단도 차단하는 것이 좋다. 데리고 올라가야 하는 경우라면 보호자가 안고 오르내리는 것이 맞다. 사람도 등산 때보다 하산 때 더 많이 다치는 것처럼, 개도 개의 체중 분포 특성상(앞다리에 체중의 70%가 몰려 있다) 뛰어 내려올 때 앞다리에 걸리는 하중의 부담이 상당히 크다. 당장 티는 나지 않아도 계속적으로 계단을 오르내리다 보면 관절에 지속적인 부담을 주게 되어 나이 들어 관절 건강에 문제가 생길 확률이 높다.

그림3-62 계단은 반려견이 올라가지 못하도록 통제를 하는 것이 기본이다

다음으로는 주방이다. 어쩌면 개와 주방은 떼려야 뗄 수 없는 관계일지도 모른다. 주방은 유익한 먹거리가 가득한 곳이기 때문이다. 그러나 주방에 얼마나 많은 위험 요소가 있는지 잘 모른다. 교육이 잘되어 있는 반려견이라 할지라도 주방의 유혹에

그림3-63 2층에서 아예 아래로 내려가지 못하도록 안전문을 설치하는 것도 좋다

| 그림3-64 주방에 안전문을 설치하여 위험 요소를 줄일 수 있다

는 쉽게 넘어간다. 주방의 안전과 위생(반려견 출입으로 인한 털 날림)을 위해서라도 반려견의 주방 출입을 제한하는 안전문을 설치하자.

그림3-65 가장 좋은 방법은 대면형 주방 시스템을 구축하고 바로 옆에 안전문을 설치하여 반려견의 출입을 제한하는 것이다

(3) 중문

중문의 중요성에 대해서는 차음 관련 내용을 설명할 때 강조한바 있다. 이 중문이 설치된 곳이라면 반려견의 안전을 담보할 수 있는 역할도 함께 수행하기 때문에 일거양득이다.

그림3-66 중문은 안전 목적만으로도 설치 이유가 충분하다

반려견이 안전하게 수직이동할 수 있기를 원한다면 다음 내용에 유의하자. 우선 계단보다는 경사로가 좋다. 충분히 공간을 할애하여 경사로를 만들 수 있다면 〈그림3-67〉처럼 계단 대신 경사로를 설치하자.

(왼쪽) 그림3-67 계단보다는 경사로가 안전하다
(오른쪽) 그림3-68 경사로는 반려견의 관절에 부담이 훨씬 적다

분명히 말하지만, 지금은 반려견이 계단을 통해 잘 다니고 있는 듯 보여도 나중에 반드시 문제가 생긴다. '젊어 고생은 나이 들어 관절염'이라는 말이 괜히 나오는 것이 아니다. 반려견에게도 동일하게 적용되는 말이다.

(왼쪽) 그림3-69 경사가 완만해도 뛰어오르기 위해서는 몸을 움츠렸다 펼치는 동작을 반복해야 한다
(오른쪽) 그림3-70 계단 한쪽이 오픈형이면 반려견도 두렵다

특히 계단의 한쪽이 오픈된 경우 개 입장에서는 경사도에 대한 부담과 안전에 부담이 함께 작용하기 때문에 계단으로 반려견이 통행하기 위해서는 안전을 확보할 대책을 마련해야 한다.

여러 가지 이유로 계단을 만들어야 하고, 반려견이 계단을 통해 다녀야 하는 상황이라면 〈그림3-71〉처럼 계단용 논슬립을 사용해 보자. 사람이나 고양이나 개 모두 계단을 내려오는 것은 오르는 것보다 어렵고 힘든 일이다.

그림3-71 포스트잇처럼 떼었다 붙였다 할 수 있다. 세탁은 약 50회 정도 가능하다

작은 개나 강아지, 미끄러짐에 대한 두려움이 있는 개는 계단을 통해 내려올 때 사고를 당할 가능성이 더 높기 때문에 계단용 논슬립을 부착해 보자. 반려견이 내려올 때 미끄러짐을 상당히 완화시켜 줄 뿐만 아니라 사람들의 통행 시에도 미끄러짐을 줄여 주고 논슬립의 쿠션감은 발걸음을 가볍게 해 준다.

그림3-72 반려견에게 계단은 위험한 시설이라는 전제 하에 판단하는 것이 좋다

꼭 알아 두기 12

원룸에서 개 키우면 학대?

　반려견에게 사람이 거주하는 실내공간은 운동할 수 있는 충분한 공간이 아니다. 그 공간이 원룸이든 30평대 아파트든 반려견에게는 그저 쉬는 공간일 뿐이다. 그럼에도 원룸에서 반려견을 키우는 것에 대해 걱정을 하거나 문제를 제기하는 사람들이 있다. 하지만 좁은 공간에서 반려견을 키우는 것이 문제가 아니라 제대로 된 운동을 시키지 않는 것이 더 큰 문제라고 말하고 싶다. 단순히 작은 공간에서 키우는 것 자체를 '동물 학대'라고 몰아세울 일이 아니라, 보호자가 반려견을 위해 얼마나 시간을 할애해서 운동을 시키느냐가 더 큰 관건이라는 얘기다.

　더 언급하거나 강조할 필요도 없이 야외활동은 반려견의 스트레스 해소와 신체 건강을 위해 가장 기본적으로 요구되는 활동이다. 산책을 통해서는 탐색 활동의 욕구를 충족하고, 노즈워킹을 통해서는 주변에 대한 정보를 수집하고, 발바닥에 전해지는 감촉을 통해서는 두뇌활동을 한다. 그래서 운동을 할 수 없는 노령견이라도 개모차에 태워 주변 산책을 시키면 스트레스가 해소되는 효과를 볼 수 있다.

　결국 주택의 넓고 좁음이 문제가 아니라, 산책이나 운동을 시키지 않고 집 안에만 '보관'하고 있는 행위에 대해 보호자들의 자기 검열이 필요한 것이다.

4장

1. 고양이를 위한 인테리어는 별거 없다구?

고양이를 위한 인테리어는 개에 비해 상대적으로 간단하거나 단순하다. 용품이나 소품 등에 있어서는 개나 고양이의 차이가 그다지 많지 않지만, 인테리어적인 측면에서는 개에 비해 고양이를 위한 인테리어의 범위나 아이템은 적다고 할 수 있다. 다만 〈그림4-1〉에서 보는 바와 같이 신축이나 리모델링 시에 적극적으로 아이템을 반영하고자 한다면 적다고 볼 수도 없다.

따라서 처음부터 어느 정도로 반영할지를 결정하는 것이 중요하다. 추

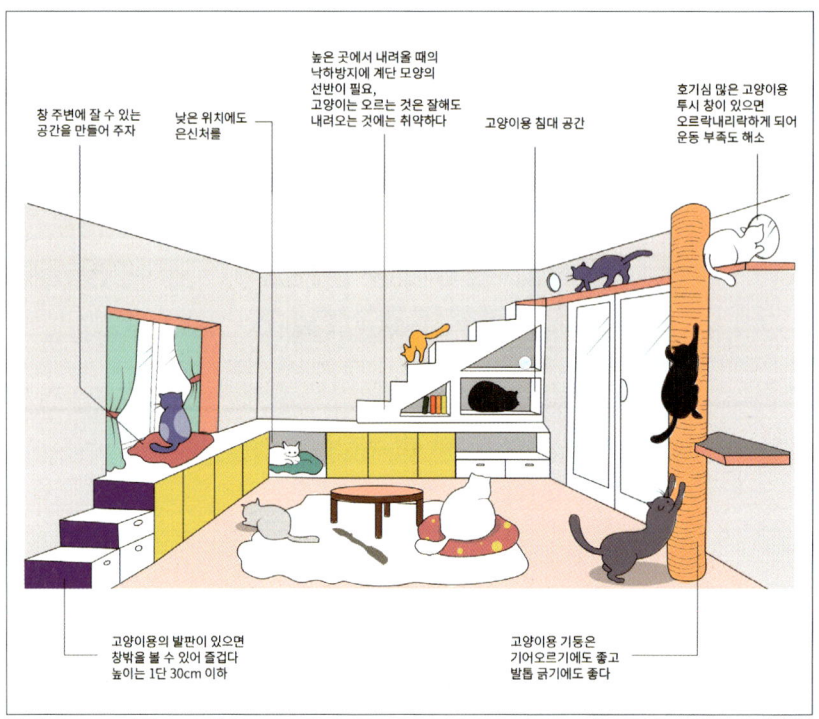

그림4-1 실내에 적용해 볼 수 있는 고양이를 위한 인테리어 사례

후 집을 다른 이에게 매매하거나 임대할 때도 고려해야 하고, 고양이에게 어느 정도의 환경을 구축해야 할지에 대해 판단하는 것이 필요하기 때문이다. 그렇다면 고양이에게는 어떤 것이 어느 정도 필요할까? 스스로 질문을 던지기 전에 고양이에 대해 좀 더 알아야 할 필요가 있다. 내 입장이 아니라 고양이의 입장에서 말이다.

2. 고양이의 입장이 되어 생각해 보자

한국 여성의 평균 키는 160cm가 조금 넘지만, 30cm 정도 되는 크기의 고양이 입장에서는 사람의 얼굴이 굉장히 높은 곳에 있다. 자신보다 130cm 이상의 높이에 얼굴이 있기 때문에 시력이 좋지 못한 고양이 입장에서는 보호자의 표정이나 얼굴을 보기가 어렵다. 자신을 보호해 주고 먹을 것을 주는 고마운 존재지만 보호자는 얼굴이 위쪽에 달린 이상한 생명체로밖에는 인식이 안 된다.

그림4-2 고양이에게는 너무 큰 보호자

고양이가 높은 곳에 올라가는 이유는 여러 가지가 있지만, 크게는 2가지를 생각해 볼 수 있다. 바로 안전과 커뮤니케이션이다.

모든 동물에게 있어서 자신의 안전은 제1의 목표라고 할 수 있다. 고양이는 실내라고 하는 안전하지만 제한된 공간에서 생활하지만 그 안에서조차 안전을 지키기 위한 활동은 계속된다. 높은 곳에 올라가서 주변의 분위기를 살피고 자신의 안전을 지켜 내기 위한 활동을 한다. 위험한 상황으로부터 벗어날 수 있고 적정한 거리를 유지할 수 있는 위치가 그들에게는 안전한 곳이다. (물론, 침대 밑이나 가구의 뒤쪽 등 숨기 쉬운 장소도 안전한 곳으로 인식하기는 한다.) 그래서 그들은 끊임없이 높은 곳으로 올라가려 하고 높은 곳에 머문다.

다음으로 생각해 볼 수 있는 것이 바로 커뮤니케이션인데, 이는 높은

그림4-3 높은 곳은 안전과 커뮤니케이션이 가능한 곳(출처:셔터스톡)

곳에 있는 보호자의 얼굴을 보기 위해, 보호자의 얼굴 표정이나 기분 등을 파악하기 위해, 그리고 자신이 필요한 것을 그때그때 보호자에게 표현하기 위해 보호자의 얼굴을 가장 가깝게 볼 수 있는 곳으로 올라간다. 고양이 입장에서는 일석이조다. 자신의 영역을 지키기 위한 감시활동과 보호자의 얼굴을 볼 수 있는 활동이 곧 높은 곳에 자리잡는 이유다.

그림4-4 침대나 소파 밑은 고양이의 핫플레이스

3. 고양이가 지닌 뛰어난 능력

(1) 청각 능력

고양이가 가진 능력 중에 가장 뛰어나지만, 보호자가 잘 인식하지 못하는 것이 바로 청각 능력이다. 앞에서도 살펴보았듯이 청각 능력은 사람보다도 뛰어나고 개보다도 뛰어나다. 사람에 비해서는 약 100배 이상의 능력을 발휘한다. 그보다 훨씬 더 뛰어난 능력을 발휘한다고도 하지만, 여기서 중요한 것은 멀리 있는 소리를 잘 듣는 것보다는 들은 소리를 그 특색별로 구분해 내는 능력이다.

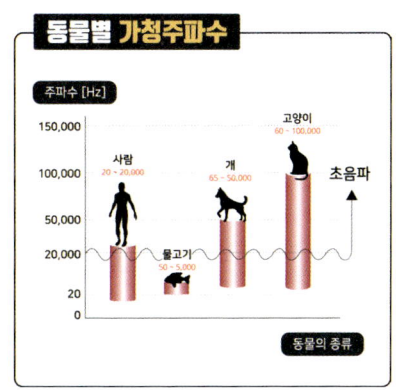

표4-1 동물의 가청주파수 범위

쥐가 내는 소리는 초음파라 사람과 개는 듣지 못하지만 고양이는 들을 수 있다. 또 사람이나 개는 듣기만 하는 소리를 고양이는 어떠한 특징이 있는지를 구분해서 기억하는 능력이 뛰어나다. 집 밖에서 들려오는 소리가 언제 어떤 때 들었던 소리인지, 집 앞으로 다가오는 사람의 발소리를 듣고 가족인지 아닌지를 개보다 더 재빠르게 구분해 낸다.

그림4-5 고양이는 누가 왔는지 굳이 내다보지 않고 듣기만 해도 알 수 있다

(2) 점프 능력, 착지 능력과 밸런스 감각

잘 알다시피 고양이는 점프 능력이 뛰어나서 자신의 5배 정도에 해당하는 높이도 쉽게 뛰어오른다. 착지 능력 또한 다른 동물에 비해 뛰어나지만 점프 능력에 비하면 조금 떨어진다. 1.5m 높이를 점프하는 것에 비해 착지는 그보다는 낮은 높이에서 가능하다. 1m도 안 되는 높이에서 뛰어내리다가 부상당하는 경우도 많이 보고되고 있다.

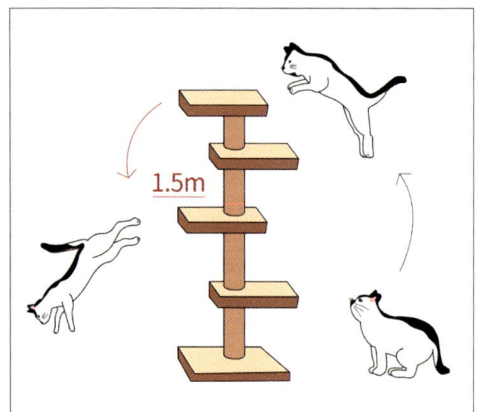 

(왼쪽) 그림4-6 1.5m 정도의 점프는 고양이의 기본 능력이다
(오른쪽) 그림4-7 생각보다 낮은 위치에서 뛰어내리는 경우에도 부상을 입는 경우가 있다

고양이의 밸런스 감각은 다른 어떤 동물에도 뒤지지 않을 정도로 뛰어나다. 좁은 통로도 아주 유연하고 자연스럽게 흔들림 없이 걸어가는 것을 볼 수 있는데, 이는 귓속의 삼반규관이라고 하는 기관의 발달 덕분이다. 그래서 대략 3cm 전후의 고양이 발바닥 폭에 해당하는 좁은 곳도 걸어가는 데 무리가 없다.

그림4-8 상당히 좁은 곳도 고양이에게는 통로가 된다

(3) 그루밍(혀로 온몸을 핥거나 이빨이나 발톱으로 털을 다듬는 행동)

고양이는 하루 중 평균 15시간 잠을 자고 활동하는 시간은 9시간에 불과하다. 그중에서도 40%에 해당하는 평균 3.6시간은 그루밍을 하는데 할애한다. 그루밍은 고양이에게 그만큼 중요한 활동이다.

고양이는 그루밍을 통해 나름의 중요한 목적을 달성한다. 스트레스를 해소하고 심신의 안정을 취하고자 하는 목적이 크기 때문에 친구들과 싸움을 하고 난 후에도 그루밍을 한다. 반대로 보호자에게 혼나거나 뭔가 실패를 한 후에도 그루밍을 한다. 그 외에도 타액을 통한 체온 유지를 하고자 한다

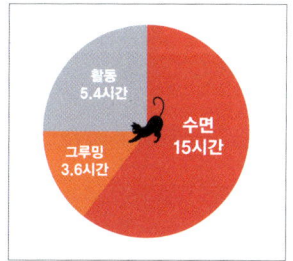

표4-2 고양이의 평균적인 하루 일과

그림4-9 그루밍은 정서적 안정을 위한 다목적 행동이다

든가, 몸에 붙은 기생충이나 먼지, 죽은 털 등을 제거하고자 할 때에도 그루밍을 한다. 또한 피지샘이나 아포크린 땀샘에서 기름기를 방출하여 몸에 미약하나마 방수층을 형성하고자 할 때에도 그루밍을 한다.

4. 실내묘의 스트레스

고양이는 실내에 있는 경우가 대부분이다. 보호자가 고양이를 위한 각종 운동기구(?) 등을 잘 갖춰 놓았다고 하더라도 외부적 요인에 의한 스트레스로 잘 이용하지 않을 수도 있다. 고양이에게 스트레스를 주는 요소는 다양하고 그로 인한 영향도 다양하게 나타난다.

(1) 스트레스를 받았을 때 하는 행동

① 배변 실수

고양이는 화장실에서 냄새가 나거가 지저분하면 배변을 보지 못한다. 이사 등 환경 변화가 있거나, 화장실에 있을 때 무서운 경험을 했을 때도 심리적인 부담으로 배변을 보지 못하는 경우도 있다.

② 은신처에 칩거

'무서워서 나갈 수 없어'라는 느낌이 고양이를 좁은 곳, 높은 곳으로 쫓

(왼쪽) 그림4-10 고양이에게 배변 건강은 대단히 중요한 요소다(출처:셔터스톡)
(오른쪽) 그림4-11 자신이 가장 안전하다고 생각하는 곳에 몸을 숨기게 된다(출처:셔터스톡)

아내 버린다. 고양이를 여러 마리 키우는 경우에도 은신처에 숨어서 나오지 않는 경우가 있다.

③ 반복적인 울음

사료를 달라든가 문을 열어 달라든가 하는 등의 목적이 확실한 경우 이외에는 주의가 필요하다. 외롭거나 무언가 채워지지 않으면 그것을 전하기 위해 우는 것일 수도 있다. 만약 배설하면서 운다면 병이 있을 가능성이 높다.

④ 지속적인 그루밍

그루밍에는 체취를 지우고 피모를 타액으로 적셔서 체온을 일정하게 유지하려는 실리적 의미와 자신의 기분을 안정시키고 기분전환을 하려고 하는 심리적인 의미가 있다. 몸의 일부의 털이 빠질 정도로 계속하는 것은 긴장이나 스트레스가 있다는 증거다. 병이 생겼을 수도 있다. 통상적 수준(3.6시간) 이상으로 과도하게 그루밍을 하는지 관심을 가질 필요가 있다.

(2) 스트레스 요소

① 외부로부터의 유입되는 소리나 냄새

공사 소음이나 냄새, 개나 아이들의 소리, 사람이 신경 쓰지 않는 소리나 냄새도 고양이에게는 스트레스가 된다. 또 외부 고

그림4-12 평소에 듣지 못하던 소리가 자극원이 된다

양이가 가까이 있는 경우는 개구부 부근에 스크래쳐를 설치해서 스크래칭을 할 수 있도록 한다든가, 외부 고양이를 바라볼 수 있는 창에 해먹을 만들어 주어 스트레스를 해소하게 하는 경우도 있다.

② 덥거나 추운 실내 온도

사람은 땀을 흘려서 체온을 낮추는 것이 가능하지만, 고양이의 땀샘은 발바닥밖에 없다. 특히 장모종은 더위에 약하기 때문에 신경을 써야 한다. 또 원래 사막 출신이라서 추운 것에도 취약하다. 집 안에 이동할 수 있는 방이 1개 이상 있으면 고양이는 스스로 자기에게 맞는 온도의 장소로 이동한다(p.172 꼭 알아 두기 14 참조).

③ 건조한 실내

건조한 겨울에는 정전기가 자주 발생한다. 특히나 고양이는 털이 많은 관계로 정전기가 더 자주 발생하게 되는데 보호자가 안을 때 발생하는 정전기로 인해 고양이는 보호자가 자신을 혼낸다고 인식할 수도 있다(고양이는 정전기를 싫어한다). 고양이에게 괜한 오해를 받지 않고 스트레스도 줄여 주기 위해서는 실내 습도를 50~60%로 유지해 주자.

④ 손님의 잦은 방문

모르는 사람이 와서 꺼안는다든가, 아이가 뒤를 쫓아다닌다든가 하는 것은 분명 스트레스다. 무서운 사람들의 손이 닿지 않도록 은신처를 만들어 주자. 몸을 지키면서 관찰할 수 있는 조금 높은 장소가 좋다.

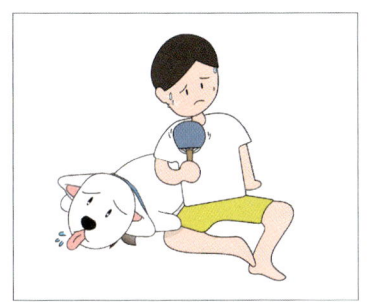 

(왼쪽) 그림4-13 적정한 온도는 사람에게나 반려동물에게나 중요한 요소다
(오른쪽) 그림4-14 모르는 사람의 호의가 고양이에게는 스트레스다

5. 방묘문, 묘안이 없을까?

보호자가 고양이 안전을 위해 설치하는 것 중에 하나가 방묘문이다. 어느 순간 고양이가 홀연히 사라졌다가 나타난 경험을 해 본 보호자라면 방묘문에 대한 필요성이 너무나 절실할 것이다. 방묘문은 일반적으로 현관문 바로 앞에 만드는 경우가 대부분인데, 2층 건물인 경우에는 고양이가 움직이는 동선이나 위치에 따라 설치하는 위치가 달라지기도 하고 설치 장소가 늘어나기도 한다. 〈그림4-15〉에서처럼 기존 마감을 손상시키지 않고 천장과 바닥면에 고정하는 방식으로 문을 설치하면 좋다.

중앙부의 마감은 목재나 재질이 강한 그물망 타입의 제품을 적용하는 2가지 정도의 방법이 있다. 비용이나 편의성 등 장단점을 따져 상황에 맞춰 설치를 고려해야 한다.

그림4-15 방묘문은 집 탈출 방지와 안전을 목적으로 하고, 위치는 주로 현관문 전면부에 설치하는 것이 효과적이다

(왼쪽) 그림4-16 방묘 기능도 하면서 차음성을 높이는 중문(여닫이 타입)
(오른쪽) 그림4-17 방묘 기능+차음성+심미성을 제고해 주는 슬라이딩 도어

리모델링을 하는 경우거나 기존 마감에 일부 손을 대도 좋은 경우라면 〈그림4-15〉와 같은 일반적인 방묘문과는 달리 〈그림4-16〉, 〈그림4-17〉과 같이 중문을 설치하는 것을 고려해 볼 수 있다. 기존의 방묘문의 기능에 차음 기능이 추가되는 형태의 문이 되는데, 〈그림4-16〉은 개를 위한 인테리어에서 설명한 바와 같이 차음성이 상당히 우수하다. 〈그림4-17〉은 〈그림4-15〉에 비해 안전성을 확보하면서 일부 차음성과 심미성을 제고하는 기능이 추가되는 장점이 있다.

여기에 덧붙여서 슬라이딩 도어(3연동문)는 슬라이딩 도어 클로저를 추가로 설치해 주면 〈그림4-17〉처럼 살짝 열려 있는 상태를 막아 주기 때문에 좀 더 안전성을 높일 수 있다.

6. 고양이가 범인이라구?

반려동물에 의해 발생하는 주방 화재의 대부분은 고양이에 의해 발생한다. 점프력이 뛰어난 고양이에게는 먹을 것이 풍부하고 '생수의 강'이 흘러넘치는 주방은 오아시스 같은 곳이다. 언제나 유혹의 손길이 기다리고 있는 이곳을 그냥 지나치기는 어렵다. 그러다 보니 주방에서는 많은 상황이 발생하고, 심지어 화재까지 빈번하게 발생하고 있다.

반려동물에 의해 발생하는 주방 화재의 거의 대부분이 고양이에 의한 화재다. 화재 원인은 한 건을 제외하고는 모두 전기레인지였다. 전기레인지를 설치할 때 인덕션과 하이라이트 조합의 레인지가 설치되는 경우가 많은데 이 하이라이트에서 화재가 발생하게 된다. 최근에는 고양이에 의한 사고를 막기 위한 제품들이 선보이고 있다. 그중에는 고양이의 두 발이 동시에 닿을 수 없는 거리에 터치 버튼을 2개 만들어 놓고 동시에 눌러야 작동되는 제품도 있다. 그렇다고 안전이 담보되는 것은 아니다. 고양이 2마리가 동시에 하나씩 누르게 되는 경우도 있기 때문이다.

| **(왼쪽) 그림4-18** 고양이는 여러 가지 이유로 주방을 오가는 경우가 많다
| **(오른쪽) 그림4-19** 고양이가 여러 마리일 경우 사고 발생 가능성은 그만큼 커진다

표4-3 반려동물에 의한 전기레인지 화재 건수가 매년 증가하고 있다(2019년은 9월 기준. 자료출처:서울시 소방재난본부)

따라서 화재 위험을 줄이는 가장 좋은 방법은 주방의 전기레인지 하부에 별도의 전원 스위치를 설치하는 것이다. 충분한 힘이 가해져야만 작동이 가능하도록 싱크대 하부에 전원 스위치를 설치하게 되면 고양이로 인한 사고를 미연에 방지할 수 있다. 2019년 9월까지 발생한 65건의 화재 중 반려견에 의해 발생한 3건을 제외하고는 모두 고양이에 의해 발생한 화재다. 또한 표4-3에서 보는 것처럼 반려동물에 의한 화재사고 건수가 매년 증가하고 있다. 화재가 발생하면 재산상의 피해도 막심하지만, 반려동물이 생명을 잃는 경우도 생기기 때문에 이에 대한 대비가 필요하다.

꼭 알아 두기 13

화재로 인한 재난 대응

미국에서는 매년 약 4만 마리의 반려동물이 주택 화재로 사망하고 사람과 마찬가지로 거의 연기 흡입에 의해 사망한다. 화재로 인해 사망에 이르지는 않더라도 약 50만 마리의 반려동물이 화재로 영향을 받는다. 국내에는 화재로 인한 반려동물 사망이나 부상에 대한 통계가 확인되고 있지 않지만, 세 집 걸러 한 집씩 반려동물을 키우고 있는 현실에 비추어 보면 화재로 인한 사망이나 부상이 적지 않게 발생할 것으로 보인다.

만약 집에 화재가 발생한 경우 반려동물에 대한 구호 조치는 어떻게 해야 하는가? 단계별로 알아보자.

1단계 - 반려동물 이름 부르기

반려동물을 찾아 실내를 돌아다니지 말고 문을 열고 안전한 곳에서 반려동물을 반복해서 부른다. 개나 고양이는 집 안에 화재가 발생해도 외부로 도망을 치지 않고 자신이 안전하다고 생각하는 곳에 몸을 숨길 확률이 99%라고 한다.

2단계 - 반려동물을 찾아 피난하는 경우

① 반려동물을 데리고(안거나 백팩에 넣어) 계단을 통해 피난
② 반려동물을 백팩에 넣고 피난 수직 사다리를 통해 피난
③ 반려동물을 백팩에 넣어 완강기를 이용하여 아래로 이동시키고 피난

3단계 - 반려동물을 찾지 못하고 피난하는 경우

반려동물을 찾지 못한 경우에는 우선 피난을 하고, 소방관에게 반려동물이 몇 호에 몇 마리가 남아 있는지 알려 준다.

화재가 발생하게 되면 개는 사람보다 훨씬 더 먼저 화재 발생 사실을 인지하기 때문에 나름의 방식으로 위험을 알리는 소리를 내게 된다. 평상시와 다르게 으르렁대기, 낑낑대기, 킁킁거리기, 주둥이 핥기, 쭈뼛 서 있는 털 등의 모습이 보이면 위험 상황이 발생했음을 알리는 행동일 수 있으니 관심이 필요하다.

화재 발생 시에는 두 손으로 안기보다는 백팩 등에 넣어서 탈출하는 것이 보호자의 안전도 함께 지킬 수 있기 때문에 평상시에 화재에 대비해서 펫용 백팩 하나 정도 마련해 두는 것도 좋다.

개나 고양이를 창밖으로 내릴 수 있게 만들어진 피난용 백

7. 고양이에게 실내 운동을 잘 시키는 방법

산책을 나가지 못하는 고양이에게는 실내에서 할 수 있는 운동이 전부다. 특히나 수평운동보다는 수직운동의 필요성이 높은 고양이기에 수직으로 이동할 수 있는 캣폴이나 캣타워는 고양이를 위한 필수품이다. 고양이에게 가장 중요한 근육을 강화할 수 있는 기회를 제공하기 때문이다. 물론 보호자와 함께하는 재미있는 운동도 있기는 하겠지만, 수직운동은 스스로 할 필요성을 느꼈을 때만 가능하다. 그래서 고양이가 수직운동을 착실히, 재미있게 할 수 있는 여건을 마련해 주면 좋다. 거기에 가장 부합하는 것이 바로 캣워크다.

〈그림4-20〉에서 보는 것처럼 고양이가 천장 쪽 벽체에 설치된 캣워크를 이용하여 이동할 수 있는 환경이 만들어진다면 수직운동에 변화를 줄 수 있다. 캣워크의 양 끝에는 캣폴, 캣타워, 캣스텝 등을 이용하여 수직이동이 가능하도록 연결해 준다. 고양이 입장에서는 운동이 가능한 구조가 만들어진다는 점과 유사시에 안전을 확보할 수 있다는 점이 장점이다.

〈그림4-22〉에서처럼 캣워크의 양 끝에 수직이동이 가능한 구조를 만

그림4-20 고양이를 위한 캣워크, 캣스텝, 캣타워, 캣뷰 등은 처음부터 고려하는 것이 좋다

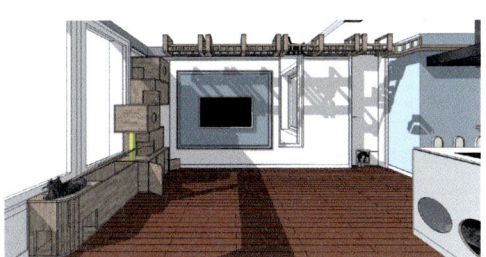

(왼쪽) 그림4-21 일반적인 수직이동 동선 확보 방식 – 캣타워 또는 캣폴
(아래) 그림4-22 가교 역할을 하는 캣워크의 디자인은 얼마든지 다양한 구성이 가능하다

들어 주면 고양이의 운동량이 상당히 늘어나게 된다. 보호자가 와서 따로 운동을 시키지 않아도 될 정도로 운동에 대해서는 걱정하지 않아도 된다. 보호자가 집에 있어도 고양이는 위에서 잘 안 내려오려고 할 것이다. 보호자의 얼굴을 보고 표정을 확인하거나 자신의 필요한 것을 표현하는 데 제한이 없기 때문이다. 가장 좋은 위치로 이동해서 확인하거나 표현하는 것이 가능해진다는 말이다.

캣워크를 설치하기 위해서는 우선 알아야 할 점이 있다. 바로 고양이의 신체 조건이다. 개의 경우에는 소형견부터 초대형견에 이르기까지 그 크기나 신체적 특징이 정말 다양하지만, 고양이는 거의 비슷한 신체 구조와 사이즈를 가지고 있기 때문에 이를 바탕으로 캣워크를 설계하더라도 별다른 착오가 없다.

우선 고양이의 몸통은 〈그림4-23〉에서 보는 바와 같이 평균적으로 16~18cm 정도다. 웅크릴 때는 그 폭이 조금 더 커져서 20~22cm 정도

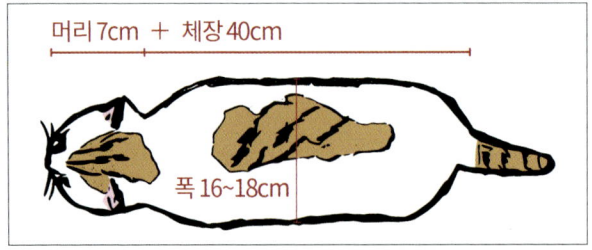

그림4-23 고양이가 걸을 때 몸통의 폭과 체장

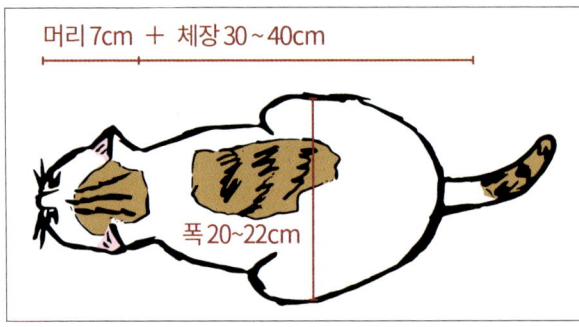

그림4-24 고양이가 웅크리고 있을 때의 폭과 체장

가 되기는 하지만, 캣워크상에서는 걷는 것을 기준으로 하기 때문에 캣워크의 기본적인 폭은 18cm 정도로 보는 것이 적당하다. 물론 18cm보다 크거나 작다고 해서 문제가 되는 것은 아니다.

그렇다고 고양이의 밸런스 감각을 믿고 캣워크의 폭을 굳이 좁게 만들 필요는 없다. 너무 좁으면 위험할 수 있고 너무 넓으면 쓸데없이 공간을 많이 차지할 수 있다. 다만 다묘 가정인 경우에는 고양이가 서로 교차 통행하는 경우를 고려해서 보통 25cm 정도의 폭을 만들어 주면 문제없이 서로 교행이 가능하다.

캣워크와 캣스텝은 기본적으로 고양이의 체중을 충분히 견딜 수 있는 견고한 구조로 만들어져야 한다. 캣워크 전체 길이를 천장 고정을 통해

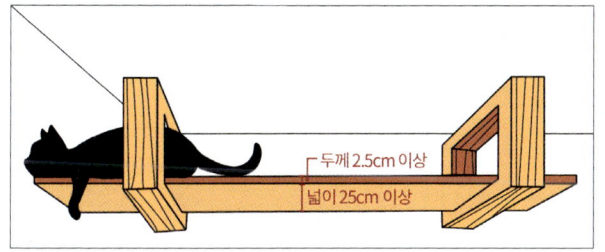

그림4-25 캣워크는 기본적으로 바닥재 두께를 2.5cm 이상으로 한다

잡아 주는 경우에는 고양이의 체중과 운동 하중을 고려하여 안전하게 설치되어야 한다. 다묘 가정인 경우에는 그 숫자를 고려하여 안전성을 더 높여야 하는 것은 기본이다. 특히 캣스텝은 수평이동이 아닌 수직이동 시에 주로 사용하기 때문에 벽에 부착하는 방식으로 개별적으로 설치하며 각각의 스텝이 고양이의 하중을 버틸 수 있어야 한다.

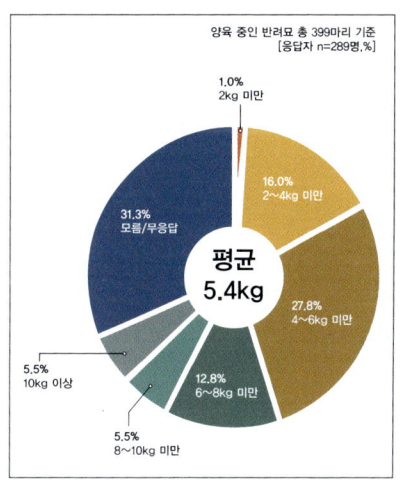

표4-4 반려묘 평균 체중(출처:2018년 반려동물에 대한 인식 및 양육 현황조사 보고서, 리서치 랩)

고양이의 평균 체중은 5.4kg 정도인 것으로 조사되었다(2018년 반려동물에 대한 인식 및 양육 현황조사 보고서, 리서치 랩). 캣스텝은 하나하나가 고양이 체중의 3배 이상을 견딜 수 있는 견고한 구조로 안전하게 설치되어야 한다. 고양이가 다른 동물에 비해 충격을 완화하면서 착지하는 능력이 뛰어나기 때문에 체중의 3배에 해당하는 하중을 고려할 필요가 없

다고 생각할 수도 있으나, 원숭이도 나무에서 떨어질 때 있고 고양이도 스텝에서 미끄러질 때가 있다. 안전성은 아무리 높여도 지나치지 않다. 고양이는 가족이다.

가구를 이용하여 캣스텝을 간단하게 구성해 볼 수도 있다. 가구를 이용하면 벽체에 앵커 설치 등의 작업이 필요치 않아서 기존 벽체나 마감을 훼손할 필요가 없다. 가구를 활용하면 원하는 높이나 사이즈로 설치하기 어렵고 기존의 가구 크기나 규격에 맞게 설치해야 하기에 원하는 대로 설치하기는 어렵지만 경제적인 측면에서는 가성비가 크다.

그림4-26 캣스텝은 하나하나가 고양이의 체중을 충분히 받아 낼 수 있는 구조여야 한다

사각형의 박스를 쌓아 올려 스텝을 형성할 때는 고양이의 상태나 능력을 고려해 박스의 크기를 결정하는 것이 좋다.

박스 형태의 가구가 아닌 캣폴을 필요에 따라 설치할 수 있도록 만들어

그림4-27 캣워크 설치 사례

| 그림4-28 사각형의 박스를 쌓아 올려 스텝을 형성한 사례

진 기성품을 구입해서 설치하는 것도 한 가지 방법이 될 수 있다. 기성품을 이용한 설치 시에는 고양이의 안전을 충분히 담보할 수 있도록 설치하여야 한다. 캣스텝에 앉아 있는 고양이의 하중으로 인해 목재의 상부가 천장에서 미끄러져 앞으로 쓰러지는 경우가 있으니 이에 대한 충분한 조치가 필요하다.

반려동물 공생 주거환경에서 중요한 것은 반려동물이 충분히 본능을 발휘하고 스트레스를 덜 받는 환경을 구축해

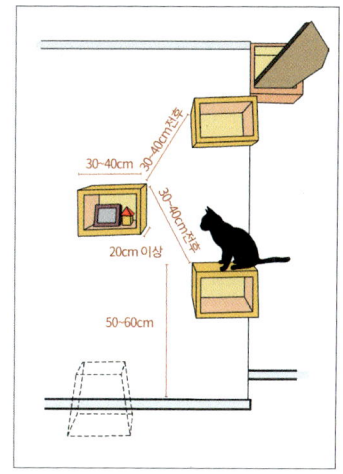

그림4-29 보통 첫 단은 50~60cm 정도 위치에 설치하고, 그 윗 단은 30~40cm 정도 간격을 두고 설치하면 좋다

주는 것이다. 그렇다고 보호자가 스트레스를 받거나 힘이 들면 그 또한 안 될 일이기에 고양이를 위한 환경(캣워크, 캣스텝 등)을 실내에 구축할 때 유의해야 할 사항에 대해 알아보고자 한다.

그림4-30 그림처럼 바닥과 천장에 기둥을 고정하여 설치하게 되면 벽체의 훼손을 방지할 수 있다

(1) 천장과의 이격 거리

캣워크가 천장면과의 거리가 너무 가까우면 고양이가 고개를 숙이고 다녀야 하는 불편함이 있다. 고개를 충분히 세운 상태에서 걸을 수 있으려면 최소한 30cm 이상의 간격을 유지시켜야 한다.

(2) 청소

캣워크는 아무래도 가장 높은 곳에 위치해 있다 보니 캣워크 바닥면 상태가 밑에서는 보이지 않는다. 깔끔한 것을 좋아하는 고양이 입장에서

그림4-31 천장뿐만 아니라 캣워크의 지붕이 있는 경우에도 높이는 30cm 정도를 유지시켜 주는 것이 필요하다

그림4-32 통로에 미끄럼 방지 마감재를 탈부착형으로 설치하는 것도 생각해 볼 수 있다

그림4-33 캣워크의 바닥을 유리로 시공하면 청소의 편의성을 높일 수 있다

는 캣워크의 디딤면이 지저분하면 다니는 데도 불편을 느끼고 위생상으로도 좋지 않으므로 주기적으로 청소를 할 필요가 있다. 다만 캣워크가 높은 곳에 위치해 있다 보니 청소 시에 불편함이나 위험이 없도록 사전에 이에 대한 대비가 필요하다.

(3) 에어컨과의 거리

벽걸이 에어컨은 고양이가 좋아하는 잇템 중에 하나다. 고양이가 에어컨 위에 올라가 있는 모습은 귀엽지만 위생상, 안전상 좋지 못하기 때문에 캣워크나 캣스텝을 설치해 줄 때는 벽걸이 에어컨과 가까이 붙지 않도록 해야 한다. 고양이가 에어컨 위로 올라가는 경우 에어컨 가동 시에는 고양이 털이 온 집 안에 날리고 청소를 위해 뚜껑을 열면 〈그림4-35〉처럼 내부가 털 천지가 된다. 고양이가 많은 경우에는 벽걸이형뿐만 아니라 스탠드형도 에어컨 내부 필터에 털이 꼬이는 경우가 많은데, 필터에 끼어 있는 털은 습기를 머금게 되고 이로 인해 냄새가 발생해 위생상 좋지 못

그림4-34 에어컨 주변으로 고양이가 접근할 수 있도록 동선을 만들지 않도록 주의하자

그림4-35 털이 에어컨에 꼬이면 위생상 좋지 못하다

하다. 그래서 고양이가 주로 머무는 공간을 에어컨 주위에 만드는 것은 피해야 한다.

(4) 조명과의 거리

고양이 동선을 구성할 때 천장에 설치된 조명도 고려해야 한다. 전기적인 위험이 없도록 해야 하고, 안정기 부착형 등기구인 경우에는 안정기에서 발생하는 소음으로 인한 스트레스가 발생할 수 있다. 안정기에서 발생하는 소리가 사람에게는 그다지 영향을 주지 못하고 잘 느끼지도 못하지만, 고양이에게는 소음 수준이다. 앞서 밝혔듯이, 고양이의 청각 능력은 인간의 100배 이상이다. 전등이 작동하는 동안에는 안정기가 함께 작동하면서 미세한 소리가 발생하게 된다. 따라서 고양이 동선을 구축할 때 전등으로부터 일정 거리를 유지할 수 있도록 떨어뜨려 설치하든가, 동선과 가까운 전등은 전원이 공급되지 않도록 하는 것이 좋다.

그림4-36 고양이가 다니는 통로와 전등이 너무 가까우면 위험하다

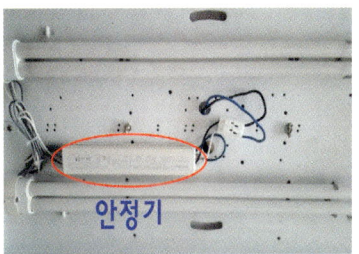
그림4-37 안정기에서 발생하는 소리에 고양이는 스트레스를 받는다

8. 고양이 스트레스를 풀어 주는 방법

고양이가 실내에 있으면서 받는 스트레스는 운동 부족에 의한 것과 외부 자극에 의한 것으로 나눌 수 있는데 앞서 설명한 것처럼 캣타워, 캣폴, 캣워크 등을 이용하는 것이 스트레스를 푸는 가장 좋은 방법이다. 다음으로는 고양이의 자연스러운 본능을 표출하는 환경을 만드는 것인데 이를 인테리어적으로 접근해 보자.

그림4-38 고양이도 스트레스가 쌓이면 화가 난다

고양이도 영역 의식이 강한 동물이기 때문에 영역표시 활동을 하게 되는데 이를 받아 주면서도 주거환경에 피해를 줄이는 것이 스크래쳐의 적정한 설치다. 고양이는 발톱갈기, 기분전환, 영역표시, 스트레스 등의 이유로 스크래칭을 한다. 스크래칭으로 인해 주로 가구나 내부 벽체에 피해가 생긴다. 이를 막기 위해 가구는 덮개를 씌우면 되지만 벽체에 발생하

그림4-39 고양이의 스크래칭에 대응하기 위해서 마감재 높이를 최소 1m 이상으로 한다

는 스크래치는 별다른 대책이 없다.

고양이는 습성상 자기가 스크래칭을 하려고 하는 벽체에 스크래치가 생기지 않으면 다음에는 같은 곳에 스크래치를 하지 않는다. 발톱에 의한 스크래치가 생겨야 호르몬을 함께 분비했을 때 깊은 곳까지 스며들거나 냄새가 오래가는데, 벽체에 스크래치가 생기지 않으면 그다음에는 다른 곳을 찾게 된다. 벽체는 고양이의 발톱에 쉽게 상하지 않는 마감재를 이용하여 마감을 하고 적정한 위치에 스크래쳐를 설치해 준다. 그러면 스크래쳐가 설치된 곳에서 발톱갈기나 영역표시 활동을 할 것이다. 스크래쳐 부착형 캣폴이나 캣타워를 이용하고 있는 고양이라도 벽체 한쪽에 추가로 스크래쳐가 설치되어 있다면 스트레스의 해소뿐 아니라 본능적 욕구의 해소에도 도움이 된다.

| **그림4-40** 벽체 코너에 스크래쳐를 설치해 주면 벽체의 훼손을 줄일 수 있다

꼭 알아 두기 14

고양이의 포즈로 알아보는 실내 온도

고양이에게 적당한 실내 온도는 전문가마다 다르고 고양이마다 다르다. 하지만 표현력이 좋은 고양이의 자세를 통해 상태를 확인하면 자신의 반려묘에게 적정한 실내 온도 여부를 확인할 수 있다.

아주 추운 온도 15℃ 이하		고양이는 방석에서 몸을 둥글게 하고 있으면 겨울이에요. 이렇게 몸을 둥글게 하고 있으면 실내 온도를 높여 줄 필요가 있어요.
약간 추운 온도 15~18℃		몸을 둥글게 하여 표면적을 작게 만들면 체온 저하를 막기 위한 자세입니다. 좀 춥다는 뜻이니 실내 온도를 살짝 올려 주면 좋아요.

쾌적한 온도 18~25℃		자신에게 가장 적당한 온도가 유지될 때 보이는 모습이죠. 가장 만족스럽게 잠을 잘 수 있어서 포즈도 자연스러워집니다.
약간 더운 온도 22~28℃		배 부분을 조금 드러낸 상태는 몸의 온도를 약간 낮추고자 할 때 취하는 자세입니다. 에어컨을 굳이 켤 정도까지는 아니어도 바람이 통하게 만들어 주면 좋습니다.
아주 더운 온도 28℃ 이상	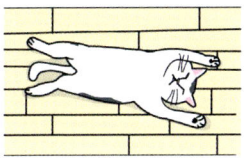	몸을 최대한 확장시키고, 배를 노출시켜 체온을 낮추기 위한 노력을 하는 중입니다. 에어컨을 켜서 실내 온도를 적당하게 낮춰 주세요.

9. 고양이에게 이상적인 화장실

고양이에게 있어 화장실은 대단히 중요한 곳이다. 한 깔끔하는 동물인 고양이에게 있어서 화장실은 깨끗해야 한다. 물론 보호자가 매일 모래도 갈아 주고 철저히 관리한다고 해도 고양이에게는 한 가지 기준이 더 추가된다. 〈그림4-41〉에서 보는 바와 같이 고양이가 화장실을 바로 들어와서 일을 보고 바로 직진해서 나갈 수 있도록 화장실을 배치하는 것이다. 모래 상자를 배치할 때 벽체에서 일정 거리를 띄워서 배치하는 것만으로도 고양이에게 가해지는 스트레스를 줄일 수 있다.

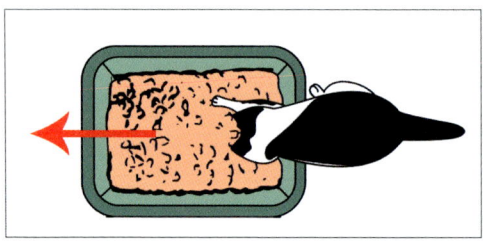

그림4-41 일을 보고 직진해서 나갈 수 있는 구조가 제일 좋다

깔끔하게 일을 보고 자신의 배변을 밟을까 걱정하지 않고 나갈 수 있으면 화장실 가는 것이 언제나 즐거울 수 있다. 삼면이 막힌 화장실의 배치는 고양이에게 스트레스로 작용하기 때문에, 지금이라도 화장실의 배치 간격을 고려하여 이동 배치해 보자. 고양이의 표정이 바뀌는 것을 확인할 수 있을 것이다.

두 면, 삼면, 사면이 트인 공간에 고양이 화장실을 만들어 준다고 하더라도 고양이 화장실을 선택할 때 주의해야 할 사항이 있다. 화장실은 벽이 높지 않아야 한다. 진입한 방향이 아닌 다른 방향으로 빠져나와야 하

그림4-42 최소한 두 면은 트여 있어야 고양이는 안심하고 일을 볼 수 있다

는 고양이 입장에서는 높은 화장실 벽이 스트레스의 원인이 된다.

더구나 입구만을 남겨 두고 지붕으로 덮여 있는 화장실은 더욱 불안한 화장실이다. 위생적인 측면뿐만 아니라 자신의 안위에 대한 걱정까지 해야 하기 때문이다. 고양이는 볼일을 볼 때 주변을 충분히 살필 수 있는 조건이 되어야 하는데, 지붕이 덮인 구조의 화장실은 주변의 위험 요소를 확인할 수 없게 된다. 이로 인해 불안해진 심리로 배변 활동을 제대로 못하게 되는 경우도 있다.

그림4-43 화장실이 놓여 있는 곳의 벽체는 최소 두 면 이상 트여 있고, 화장실 턱의 높이는 높지 않아야 한다(출처:셔터스톡)

그림4-44 입구만 빼고 막혀 있는 화장실 타입은 고양이가 선호하지 않는다(출처:셔터스톡)

꼭 알아 두기 15

고양이의 화장실 루틴

고양이가 화장실에 들어가서 나올 때까지의 짧은 순간에 고양이는 매번 어떤 루틴을 반복할까?

1. 배설하려고 하는 곳의 냄새를 맡는다
2. 앞발로 배설하기로 정한 곳의 모래를 판다
3. 배설한다
4. 몸을 돌려 배설한 장소를 확인한다

5	6
모래를 덮는다	배설한 곳을 밟지 않도록 서둘러 나온다

    고양이가 일상적으로 반복하는 루틴을 잘 눈여겨봐 두자. 루틴이 달라지거나 평소와 다른 모습을 보인다면 무언가 문제가 생겼거나 불편함이 있을 가능성이 높다.

    지금까지 우리는 반려동물에 관한 심리와 특성, 그로 인한 인테리어적인 측면에 관해 알아보았다. 반려동물을 키우는 보호자나 앞으로 반려동물을 키울 계획을 가진 사람들에게 이 책이 많은 도움이 되어 반려동물이나 보호자 모두 행복하기를 간절히 바란다.

■ 참고 문헌

1. 金巻とも子, 『猫と暮らす住いの作り方』, 株式会社ナツメ社, 2018

2. 廣瀬慶二, 『ペットと暮らす住まいのデザイン』, 丸善出版株式会社, 2013

3. 廣瀬慶二, 『猫がうれしくなる部屋づくり、家づくり』, 株式会社プレジデント社, 2017

4. 金巻とも子, 『マンションで犬や猫と上手に暮らす』, 株式会社新日本出版社, 2007

5. 編輯部, 『犬のための家づくり』, X-Knowledge, 2019

6. 編輯部, 『愛犬と幸せに暮らす住まいの本』, 株式会社PHP研究所, 2014

7. 野中英樹, 『ペットと暮らす集合住宅』, 週刊住宅新聞社, 2002

8. 薬師寺康子, 『犬の心, 猫の心を考えたマンションライフ』, 住宅新聞社, 2007

9. 編輯部, 『建築知識2月号』, X-Knowledge, 2018

10. 金巻とも子, すずきみほ, 『犬・猫の気持ちで住まいの工夫』, 彰国社, 2015

11. エムアールエスブレイン, 佐倉美彦, 『ペットと快適に暮らす住まいのツボ』, カナリア書房, 2006

■ 참고 논문 & 기사 등

1. 安川愼二,「犬の膝蓋骨内方脱臼において生じる骨変形と病態の解析」, 日本大学大学院獣医学研究科獣医学専攻博士課程, 2015

2. Morgan Garvey, Judith Stella and Candace Croney, Department of Comparative Pathobiology, College of Veterinary Medicine, Purdue University,「Auditory Stress: Implications for Kenneled Dog Welfare」

3. Minimum Space Requirements for Dogs USDA Homepage

4. When fire strikes home Tending to the needs of pets affected by residential fires, https://www.avma.org/javma-news/2018-02-15/when-fire-strikes-home(2018.01.31)

5. Companion Animals and Child / Adolescent Development : A Systematic Review of the Evidence, https://wagwalking.com/sense/can-dogs-sense-fire

6. Rebecca Purewal, Robert Christley, Katarzyna Kordas, Carol Joinson, Kerstin Meints, Nancy Gee and Carri Westgarth International Jouranl of Environmental Research and Public Health,「Companion Animals and Child / Adolescent Development : A Systematic Review of the Evidence」

7. Linn Mari Storengen & Frode Lingaas Applied Animal Behavior Science,「Noise sensitivity in 17 dog breeds: Prevalence, breed risk and correlation with fear in other situations」, 2015.05

8. Ann-Sofie Sundman, Enya Van Poucke, Ann-Charlotte Svensson

■ 참고 논문 & 기사 등

Holm, Åshild Faresjö, Elvar Theodorsson, Per Jensen & Lina S. V. Roth, 「Effects of human HCC, breed, sex and lifestyle on dog HCC」, 2019.06